シリーズ
教えているかどり先生！①

特別支援教育の日常生活の指導
子どもがイキイキ学ぶ教材&活動

💡 アイデア図鑑 📖

120

著 いるかどり

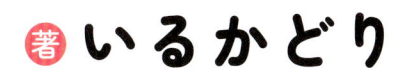

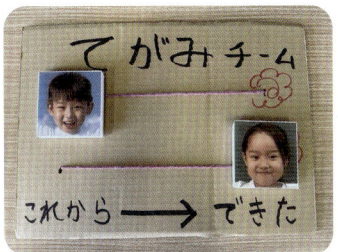
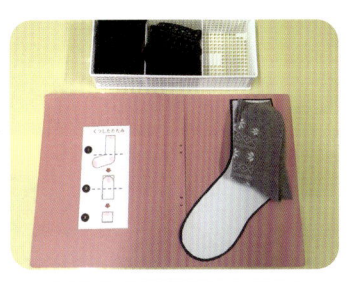

時事通信社

は じ め に

あなたの「当たり前」は子どもにとっての重要な学びです

本書を手に取ってくださり、誠にありがとうございます。

私は、幼稚園ではインクルーシブ保育、小学校では、特別支援学級担任・特別支援教育コーディネーターとして、たくさんの子どもたちや先生方と出会ってきました。子どもたちの将来の自立と社会参加を願い、実践・研究を積み重ねてきました。

本書のテーマは、各教科等を合わせた指導「日常生活の指導」です。実践してきた題材120個のアイデアと共に日常生活の指導の楽しさが伝わることを願いながら執筆をしました。

初めて特別支援学校や特別支援学級の担任になった先生の授業づくりのヒントとして、そして、これまで経験のある先生の新たな視点として、少しでもお役に立てたら嬉しいです。

■ 無理やりやらせるのではなく子どもたちのペースでできることを増やす

日常生活の指導では、「シャツはズボンにしまわないとダメでしょ」「手を洗うの忘れているよ！ やり直し！」など、注意をする声かけが多くなってしまう傾向にあります。子どもたちは悪気があって忘れているわけではないので、注意が続いてネガティブな気持ちが大きくならないように「できていることを褒める」「教師が誘う」「思い出せる工夫をする」など、前向きに取り組める工夫をしましょう。

■ 日々の生活が成功体験で終えることができるように環境を整える

子どもたちからの「今日も一日楽しかったな。また、学校に行きたいな」の声、保護者からの「うちの子、家庭でもできることが増えたんです」の声、そんな言葉を聞くことができたら、教師としてとても幸せですね。日常生活の指導は、単発・断片的に行うのではなく、計画的・継続的に実施していくことが大切です。イメージとしては、段差の大きな階段を歩いていくというよりも、なだらかなスロープを歩いていくように指導を発展させていきます。

自分でできたこと、教師とできたこと、友達とできたこと、日々の中のできたことを積み重ねていけるように計画をしていきましょう。

■ 基本的生活習慣は時間の流れ、生活リズムを意識した時間割を編成する

　日常生活の指導「基本的生活習慣」では、生活の時間の流れを意識することが大切です。例えば、「校庭に出る必要がないのに靴を履き、すぐに戻ってくる」「2時間目に、スプーンや箸の使い方を指導する」など、生活リズムを無視した時間割にならないように計画をします。靴の着脱であれば登下校の前後で指導する、給食指導であれば給食の時間に指導するなど、実際の生活場面の中で実施的に取り組むことが望ましいと考えます。

■ 日常生活の指導でココだけは意識したい9つのポイント

　最後に意識しておきた9つのポイントをご紹介します。
- 生育歴や家庭での様子を含めた実態把握ができている
- 今、進級・卒業後、将来へのつながりをイメージできる
- 障害特性、発達段階、生活年齢、学習状況や経験を踏まえた段階的、発展的な指導内容になっている
- 最後まで見通しをもって取り組める活動・支援の量
- 生活の中で自然で実際的、必然的な活動
- 人との関わりの場が設定されている
- きまりを守ることができる工夫がある
- 役割意識がもてる
- 学校全体で指導方針・支援方法が共通理解されている

　ぜひ、目の前の子どもたちのことを想像しながら読んでみてください。子どもたちが主体的に学びに参加できる授業づくりができるように最善を尽くしていきましょう。たくさんの愛を込めて……

いるかどり

1 あいさつ
わたしにできるあいさつをする

準備
するもの ・鏡

自分でやりやすいあいさつのやり方が
わかるようになる！

鏡で自分の顔を
見てみよう

元気な声

目を見て

おはよう

困りごと ＆ アセスメント

Q あいさつをする際に大きな声を出すことが難しいです。あいさつができるようになってほしいです。

A あいさつは「大きな声を出すこと」が目的にならないようにしましょう。子どもたちにできるあいさつを習慣化しましょう。

実践の流れ

❶ あいさつをするときの自分の表情を鏡で見ます。

❷ 友だちや教師にあいさつをします。

❸ ハイタッチや目を合わせて頷くなどのあいさつを継続します。

いるかどり先生からの アドバイス

☑ あいさつは、人とのコミュニケーションの第一歩です。子どもたちが自分でできるあいさつの方法を見つけ、教師は様々なあいさつを認めていきましょう。「大きな声であいさつする」という生徒指導ではなく、相手の目を見ることやほほえむことなど、コミュニケーションが心地良く思えるような指導をしましょう。

応用編

2 目指せ！ あいさつ名人

あいさつをする表情や声のトーンに注目をして、あいさつをされて気持ちが良かったことを子どもたちに伝えましょう。子どもたちの実態に応じて、連絡帳にシールを貼ったり、スタンプを押したりしながら評価を伝えていきましょう。あいさつは強制されるものではなく、主体的にするものです。教師から積極的にあいさつの見本を示しましょう。

準備するもの ・あいさつシート

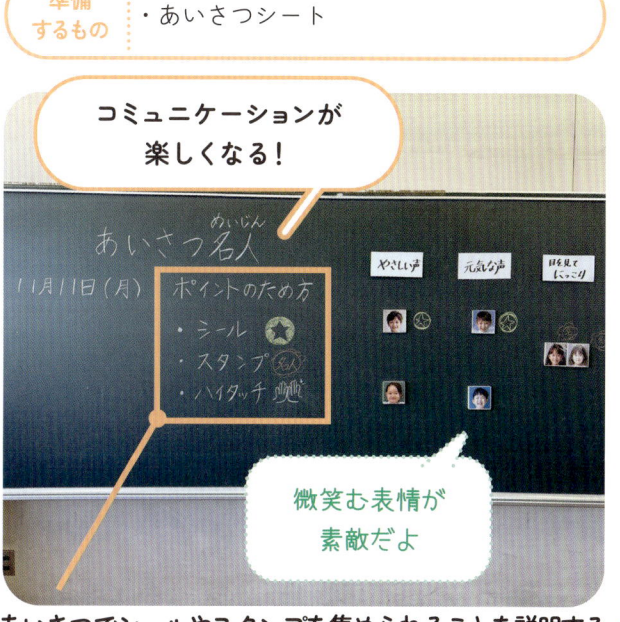

コミュニケーションが楽しくなる！

微笑む表情が素敵だよ

あいさつでシールやスタンプを集められることを説明する

3 顔と名前の一致
お名前マッチング

準備するもの ・子どもたちの顔写真 　・子どもたちの名前カード

困りごと & アセスメント

Q 特定の子以外、名前を覚えるのに時間がかかっています。交流時に困らないように、支援する方法はありますか。

A かるたのように、名前と顔をマッチングする活動はいかがでしょう。ゲーム感覚で楽しく取り組めます。

実践の流れ ✦

① 顔写真を机の上に広げます。
② 授業者が、名前カードを見せながら呼名します。
③ 呼ばれた名前に合う顔写真をとります。

いるかどり先生からの アドバイス 💡

☑ スピーディーに、繰り返し行うと良いです。見つけるのに時間がかかりそうな時は、「一番最後にまわそうか」と声をかけ、次の呼名をします。わからなくても再チャレンジができ、後半になるほど選択肢が絞られていくので、見つけやすくなります。

☑ 子どもの実態に応じて、情報量を調整しましょう。

応用編

4 先生も！ お名前マッチング

お友だちの他にも、学校で関わることが多いのは大人です。名前を覚えていないと、助けを呼びたくてもなかなか声をかけづらかったり、傍まで寄っていかなければならなかったりします。そのため、クラスメイトと同じ方法で、まずは、学校の中で関わりの多い大人から取り組んでいくことをおすすめします。

> 準備するもの
> ・先生の顔写真　・先生の名前カード

> 先生との距離が近づく！

5 自分の使う場所の把握
自分のロッカーを使う

準備
するもの ・名前や顔写真などの掲示

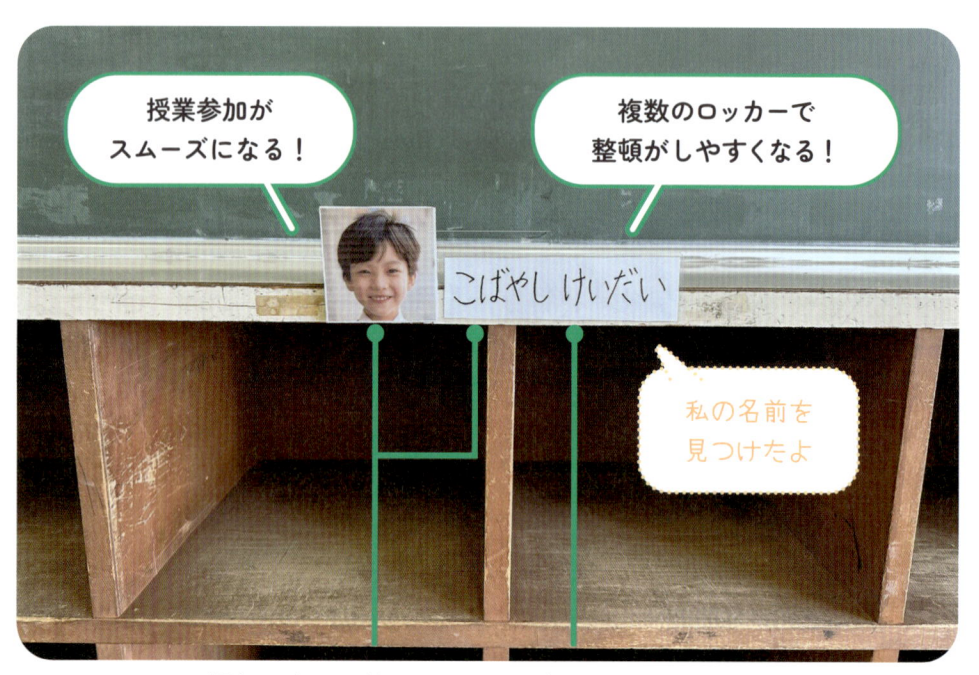

授業参加が
スムーズになる！

複数のロッカーで
整頓がしやすくなる！

こばやし けいだい

私の名前を
見つけたよ

慣れてきたら外す　　字が読めなくても掲示しておく

困りごと & アセスメント

Q 子どもたちのロッカーを決めたいです。気をつける点はありますか？

A 子どもたちの実態に応じてロッカーの数（ロッカーが多くなるほど、道具を分けて収納できる）を決めましょう。

実践の流れ

① 使用する学習道具を把握します。

② 子どもたちとロッカーの数を相談します。

③ 数字ではなく、顔写真や名前、イラストなどをロッカーに掲示します。

いるかどり先生からの アドバイス

☑ 子どもたちの実態に合わせて「一つの学習道具に一つのロッカー」のように分けて収納することで、整理整頓がしやすい環境づくりが可能です。また、交流学級で学習しているものは、交流学級に収納する場所を用意すると授業参加がスムーズになります。

応用編

6 使わないときは布で隠す

ロッカーを使用しないときには、布で隠すと視覚刺激を調整することができます。必要に応じて、布にも写真や名前を掲示することで、自分のロッカーや友だちのロッカーの位置がわかるようにします。布にも、完全に隠れる素材や透けて見える素材があるので、チームで検討しながら整えていきましょう。

準備するもの ・ロッカーサイズの布

刺激を調整できる！

教材のロッカーは開けないよ

7 日付と曜日感覚を身につける
昨日今日明日日記

準備するもの	・ノート　・筆記用具　・カレンダー

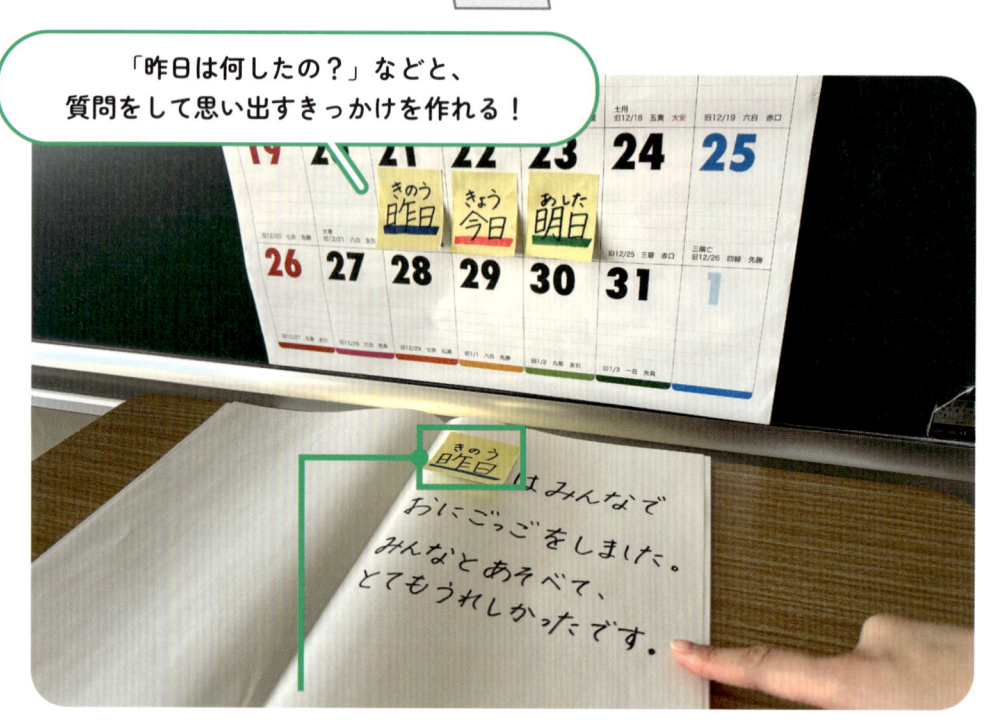

カレンダーからとってここに貼るフセンを選ぶ

困りごと ＆ アセスメント

Q 日付と曜日感覚がなかなか身につきません。カレンダーで確かめる他に、方法はありますか。

A 日付や曜日を出来事と結びつける活動をしてみましょう。記憶と結びつくことで、感覚が身についてきます。

実践の流れ

❶ 付箋を貼ったカレンダーで、昨日今日明日の確認をします。

❷ 「昨日は、」「今日は、」「明日は、」という三つの書き出しで、出来事とそれに対する気もちをノートに記します。

いるかどり先生からの アドバイス

☑ 将来、会社に就職をしたり、福祉施設に入所をしたり、様々な活躍の場があります。どの場所であっても、12ヶ月の感覚や曜日の感覚、昨日・今日・明日の意味は日常的に使われます。毎日繰り返しカレンダーを操作して伝えていくことで、理解ができるようにしていきましょう。

応用編

8 自作のカレンダーを活用する

図画工作や生活単元学習でカレンダー制作した場合は、学級で使用しましょう。カレンダーを作って終わりにならないように、日常生活の指導の中で、シールを貼ったり、指差し確認で使用したり、どんどん使用しましょう。自分の作品がクラスにあると、帰属意識も高まります。カレンダーは数字がはっきり見やすいものがおすすめです。

準備するもの　・カレンダー

教科横断的な学びになる！

作ったとき楽しかったな！

9 一日の時間割の確認
連絡帳を書く

準備するもの ・連絡帳の用紙

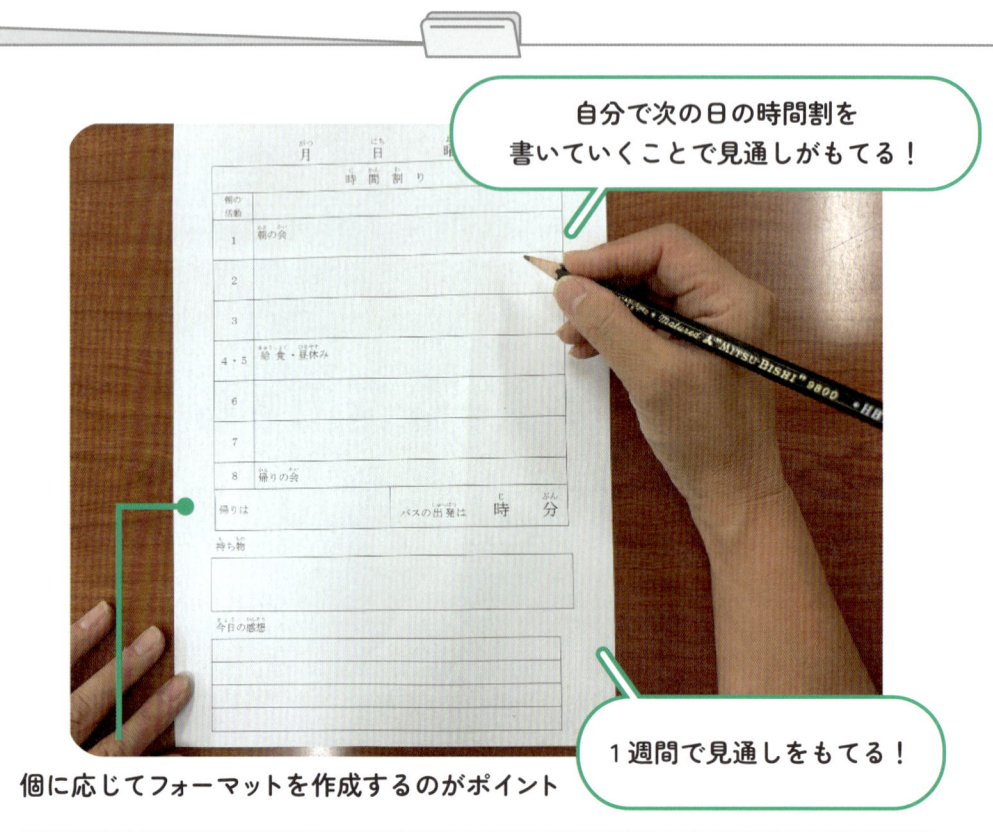

自分で次の日の時間割を
書いていくことで見通しがもてる！

1週間で見通しをもてる！

個に応じてフォーマットを作成するのがポイント

困りごと & アセスメント

Q 1日、1週間の見通しが持ちにくい子がいます。どのように
指導すればよいでしょうか？

A 自分で時間割を確認しながら書くことで、見通しがもてるよ
うになります。

実践の流れ

1. 子どもたちの実態に合わせて一人ずつの連絡帳のフォーマットを作成します。
2. 子どもたちが1日の予定を連絡帳に記入します。
3. 子どもたちが1日で頑張ったことなどを記録します。

いるかどり先生からの アドバイス

☑ 授業でどんなことを学習するのか？　学習道具は何が必要なのか？　1日の予定を理解することで安定して過ごすことができます。その子どもに合わせて連絡帳やメモ帳の書式を調整して、ひとりひとりに合わせた書式にすることが大切です。書いて終わりにならないように、教師が確認をしましょう。

応用編

10 自分で持ち物を聞きにいく

自分から担当の先生に「教科で必要な持ち物」を聞きに行きます。何を学習するか、何の学習道具を持っていくかを聞き、メモをとり、把握することで授業に対する見通しをもちます。また、聞きながらメモをとることは、将来、仕事をするときに役立ちます。子どもたちにあった道具を用意してメモをとる力を育くんでいきましょう。

準備するもの　・筆記用具　・ファイル　・連絡帳の用紙

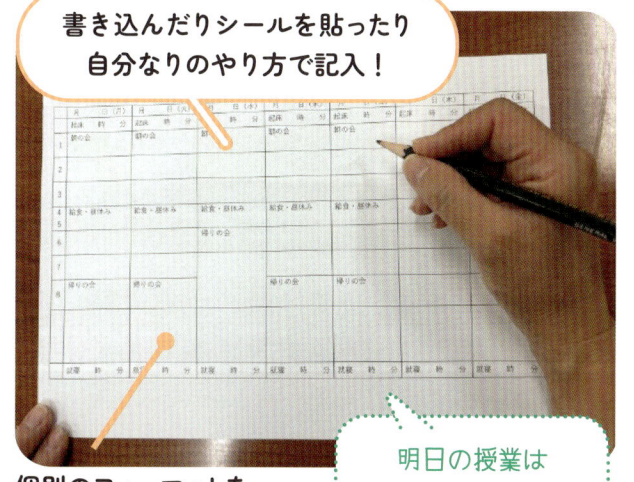

書き込んだりシールを貼ったり自分なりのやり方で記入！

個別のフォーマットを用意する

明日の授業は何をしますか？

11 予定の確認
2つの時間割を確認する

準備するもの ・時間割 ・予定表

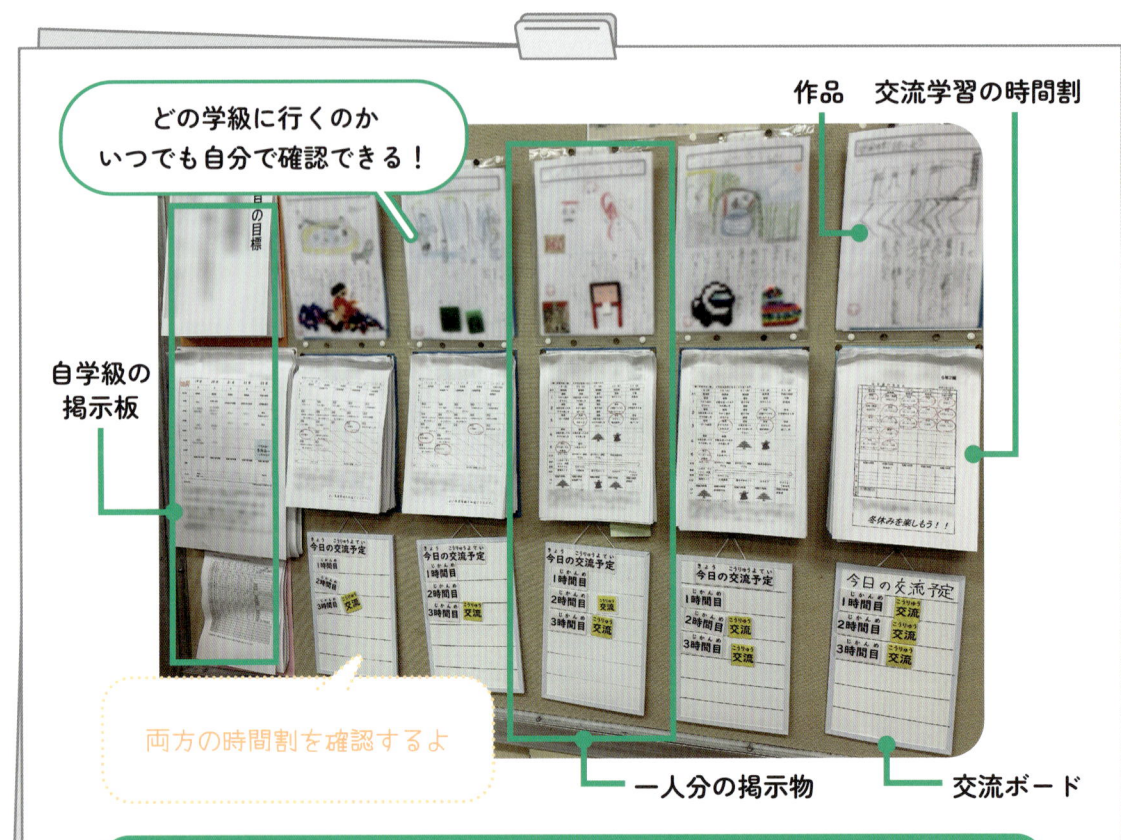

どの学級に行くのか
いつでも自分で確認できる！

作品　交流学習の時間割

自学級の
掲示板

両方の時間割を確認するよ

一人分の掲示物　　交流ボード

困りごと ＆ アセスメント

Q 自学級と交流学級の両方の時間割を把握することが難しいです。何かアイデアはありますか？

A 子どもごとにいつでも見える場所に2つの時間割を掲示し、日常生活の指導の中で時間割の見方についても指導しましょう。

実践の流れ

❶ 写真のように自学級と交流学級の時間割の両方を掲示します。

❷ 教師と子どもたちが一緒に2つの時間割を確認します。

❸ 連絡帳に書き込んだり、ボードを操作したりします。

いるかどり先生からの アドバイス

✅ どの学級で学ぶのかを自分で確認できるようになることで、スムーズに学校生活を送ることができるようになります。時間割は、いつでも確認ができるように掲示をしましょう。子どもたちも教師も見える位置に掲示することが大切です。学年の行事や持ち物の忘れがないように、毎日確認しましょう。

応用編

12 学習する場所を確認する

いつ・どこで・何をする？という情報が分かると見通しをもって学習に参加することができます。特に、体育では、教室？体育館？ 校庭？ 中庭？ などどこで学習するか分からず迷子になってしまう……なんてことがないように、事前に場所を確認しておくことが大切です。ホワイトボードなどで操作できるようにしておくと手軽に確認できます。

準備するもの ・ホワイトボード ・マグネット

「いつ・どこで・何を」が明確になる！

学習する場所はどこかな？

13 学校のマナー
廊下を歩く

準備するもの ・右側歩行や一時停止を促す掲示

マナーを守って何枚コインをゲットしたかカウントする

立ち止まるといいことがたくさん！

例えばクラスにびんを置き、ゲットしたコインがいっぱいになったらレクをする

困りごと ＆ アセスメント

Q 廊下で走ったり、左右がわからずにぶつかってしまったりする子がいます。

A 廊下は走りたくなりますよね。左右の掲示や止まって確認をする掲示などをして視覚的に理解できるようにしましょう。

実践の流れ

① ぶつかりやすいと想定される場所に掲示をします。
② 矢印やストップなど、場所に応じた掲示にします。
③ 子どもたちと掲示の意味を確認します。

いるかどり先生からの アドバイス

☑ 廊下を走るとなぜ危ないのか？　ぶつかってしまったり、滑ってしまったり、事故につながったりする可能性があることも指導をしていきましょう。学校全体で階段や廊下の床に色テープを貼ったりすることで歩く方向を確認できるようにすることも大切です。守れた際に「コイン」をゲットできるなどの設定も有効です。

応用編

14 休み時間の過ごし方を知る

休み時間に何をしたらよいか分からない子がいます。「教室では静かに学習をしよう」「体育館ではのびのび運動しよう」など、場所ごとの過ごし方を伝えていきましょう。朝の時間に帯状に日常生活の指導を計画している場合は、曜日ごとに15分程度でいいので体育館や校庭など、様々な場所で過ごせるように計画することで実体験を積んでいきましょう。

> 準備するもの
> ・過ごす場所と活動内容が分かるもの

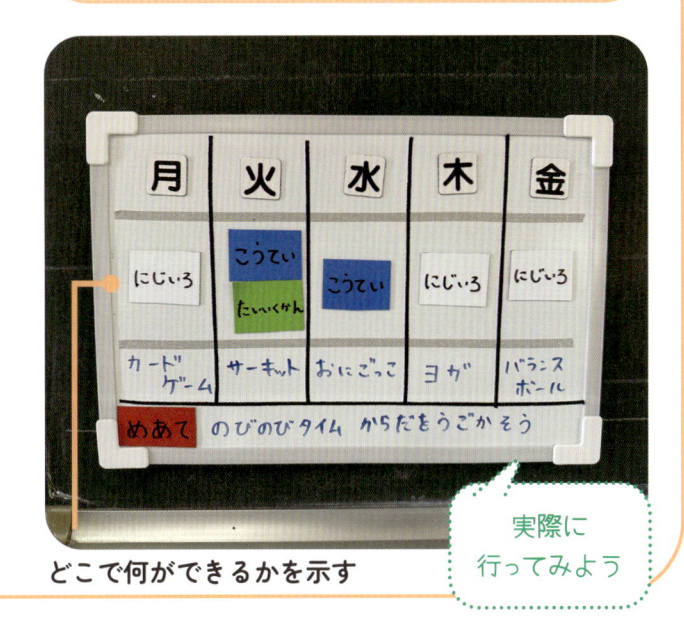

どこで何ができるかを示す

> 実際に行ってみよう

15 登校
登校のルートを覚える

準備
するもの ・登校ルートの写真や映像

めじるしはなにかな

Googleマップで教室にいながら
ルートを学べる！

困りごと & アセスメント

Q 家から学校までの登校ルートを覚えることが難しいです。

A 保護者と連携をとりましょう。保護者と一緒に通学をしたり、
通学路の写真を見せたりして、学習を進めましょう。

実践の流れ

① 保護者と相談をして登校方法を考えます。
② 校外学習で一緒に登校ルートを歩きます。
③ 道順や目印になるものを写真を撮り学習します。

いるかどり先生からの **アドバイス**

✓ 登校時間は、教職員の勤務時間に設定されていない学校が多いため保護者と連携をとり、必要に応じて、送り迎えができるような体制を整えていきましょう。授業では、インターネットのマップや実際の写真などで道順に並べてみるなど、記憶できるように学習していきましょう。焦らず長期目標で取り組みましょう。

応 用 編

16 一緒に登校する友達を覚える

地域によっては、登校班や通学班が編成されています。同じ班の高学年の友達と一緒に休み時間に遊んだり、班の友達の集合写真を撮ったりして、顔を覚えることができる教材を作成します。縦割りで楽しいことや嬉しいことなど、ポジティブな活動をすると記憶に残りやすいので、一緒に遊ぶ活動も取り入れてみましょう。

準備するもの　・登校班名簿　・友だちの写真

班長さんが一番手前だよ

17 下校
自分の下校方法を知る

準備するもの ・ホワイトボード ・マグネット ・子どもの顔写真

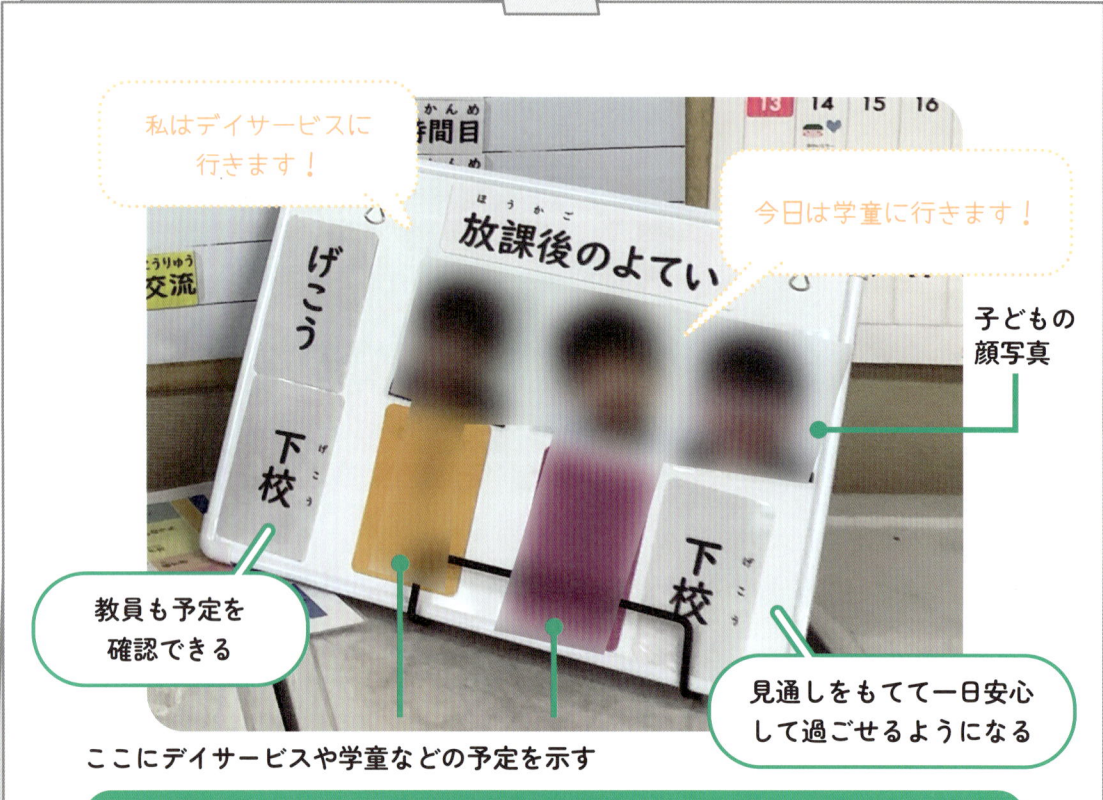

私はデイサービスに行きます！

今日は学童に行きます！

子どもの顔写真

放課後のよてい

げこう

下校

下校

教員も予定を確認できる

見通しをもてて一日安心して過ごせるようになる

ここにデイサービスや学童などの予定を示す

困りごと & アセスメント

Q 毎日、下校方法を確認することが大変です。子どもたちの連絡帳で確認するのも時間がかかります。

A 朝の時間に下校方法の確認をしましょう。教職員の連絡漏れなどを予防することもできます。

実践の流れ

① ホワイトボードとマグネットで教材を作成します。

② 下校、学童、デイサービスなど、朝に確認します。

③ 下校方法のマグネットを選び、ホワイトボードに貼ります。

いるかどり先生からの アドバイス

☑ 下校時間が近くなると、バタバタと慌ててしまいます。教師も子どもたちも慌てているとミスが多くなってしまうので、落ち着いている朝の時間に確認をしましょう。朝の会の時間に下校方法を確認する時間を設けてもいいと思います。関係する教職員で確認をするようにしましょう。

応用編

18 自分で傘をとじる

雨の日には傘をさして登下校をします。傘の開き方、傘の持ち方、傘のとじ方を指導することで、安全にスムーズに使用ができるようにします。傘を閉じることが難しい場合には、太めのマジックテープや平ゴムなどを使い、簡単に閉じることができる教材を作成してみましょう。

準備するもの　・かさ　・太めのマジックテープ

留める所が広くてカンタンだね

留め具全体がマジックテープになっている

19 目標の達成 チャレンジカード

準備するもの ・チャレンジカード ・シール

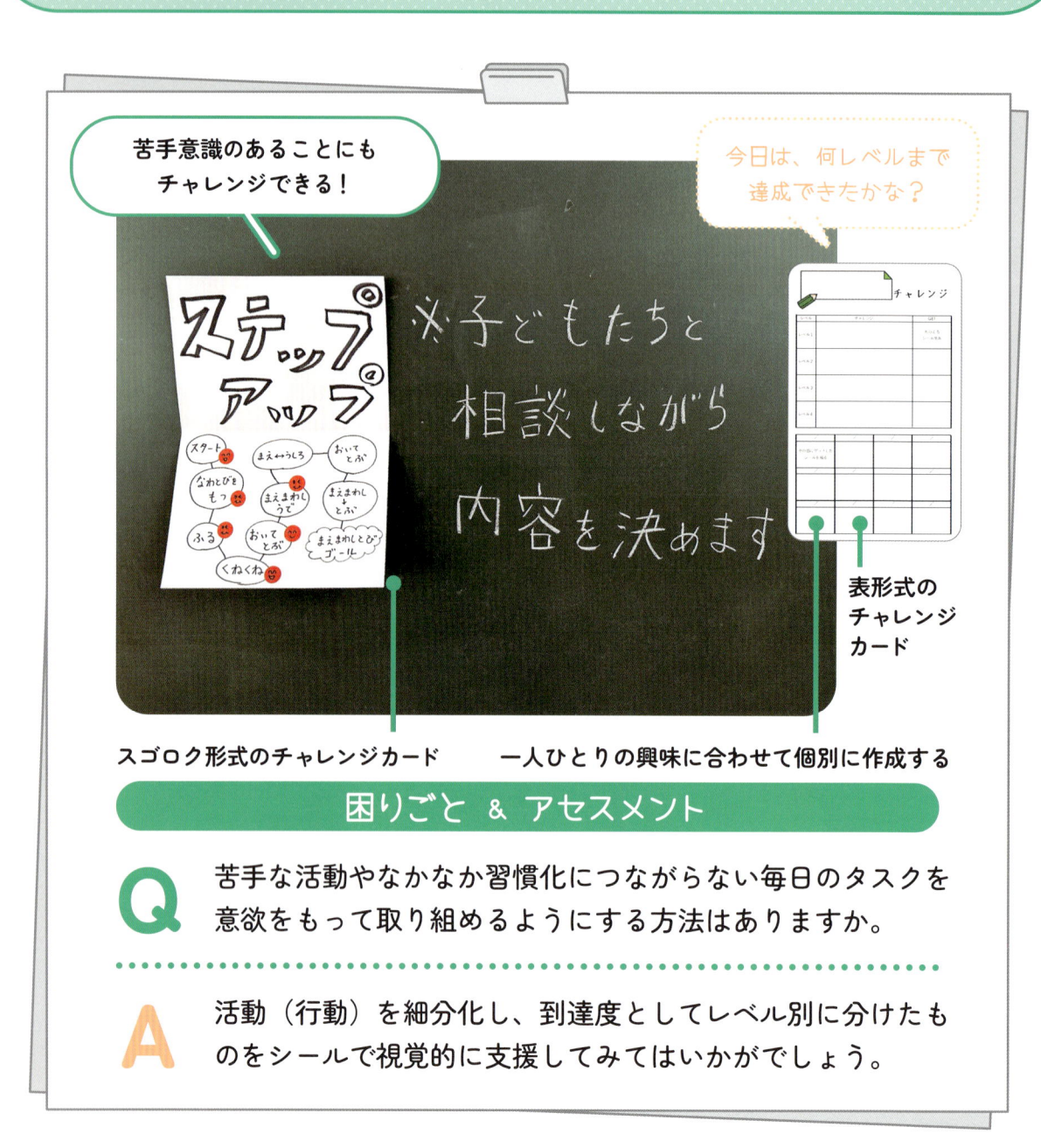

苦手意識のあることにもチャレンジできる！

今日は、何レベルまで達成できたかな？

表形式のチャレンジカード

スゴロク形式のチャレンジカード　　一人ひとりの興味に合わせて個別に作成する

困りごと ＆ アセスメント

Q 苦手な活動やなかなか習慣化につながらない毎日のタスクを意欲をもって取り組めるようにする方法はありますか。

A 活動（行動）を細分化し、到達度としてレベル別に分けたものをシールで視覚的に支援してみてはいかがでしょう。

実践の流れ

① 子どもの見取りをして、活動を細分化します。

② 子どもと相談しながらレベル別に目標を立てます（ごほうびシールも併せて確認します）。

③ 活動前に目標を確認してから取り組み、達成度により評価をします。

いるかどり先生からの アドバイス

☑ 1つの活動や場面につきカード1枚にしましょう。具体的に細分化ができ、やるべきことが明確になります。

☑ レベル別のシールは、差をつけます（小丸シール ★シール キラキラシール）。さらに、「大シールが5個たまったら乗り物カードゲットです」というように、ご褒美のシステムがあるとよいですね。

応用編

20 好きなシールを選ぶ

学習や活動の中で、シールをもらうことで賞賛されていることを実感したり、満足感を高めたりすることができます。シールは、子どもたちが自分で選択できるようにすることで、喜びが倍増します。年度当初に子どもたちと一緒にカタログを見て、シールを選んでもよいと思います。子どもたちが主体的に生活・学習できる工夫をしましょう。

準備するもの ・数種類のシール

どんな模様が好きかな

選ぶことで主体性が育まれる！

21 日直の活動
司会の台本

準備するもの	・司会の台本

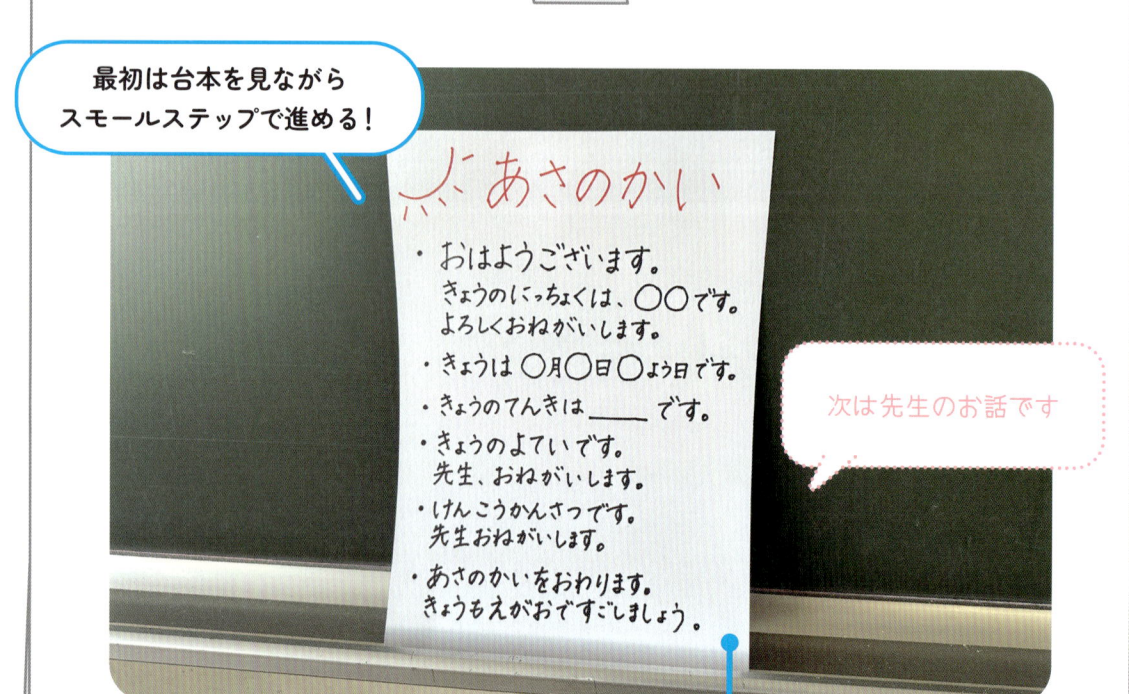

最初は台本を見ながらスモールステップで進める！

次は先生のお話です

読めなければ教師の代読から始めてもよい

困りごと ＆ アセスメント

Q 日直の活動内容を暗記することが難しい子がいます。どのように支援すればよいでしょうか？

A 子どもたちが自分で取り組むことができるように最初のうちは台本を用意してみてはどうでしょう。

❶ 日直が話す内容を台本にします。

❷ イラストや順番を書くなど工夫をします。

❸ 慣れるまで日直は台本を読んで進行をします。

いるかどり先生からの アドバイス

☑ 子どもたちが自分の力で役割を果たすことができるように支援することは成功体験を積み重ねるために大切なことです。文字を読むことができる、イラストを見て指差しすることができるなど、子どもたちの強みに合わせて台本をカスタマイズしていきましょう。

応用編

22 日直カード

話す人、聞く人を明確にするために、日直だと分かるカードやタスキ、名札や写真など、学級の全員が理解できるように表示をしましょう。子どもたちは、日直のお仕事を進めるとき、ドキドキしていたり、ワクワクしていたり、感じ方はそれぞれなので、子どもたちの様子に合わせて、そばにいたり、手を添えたり、支援をしましょう。

準備するもの ・日直カード（日直のタスキなど）

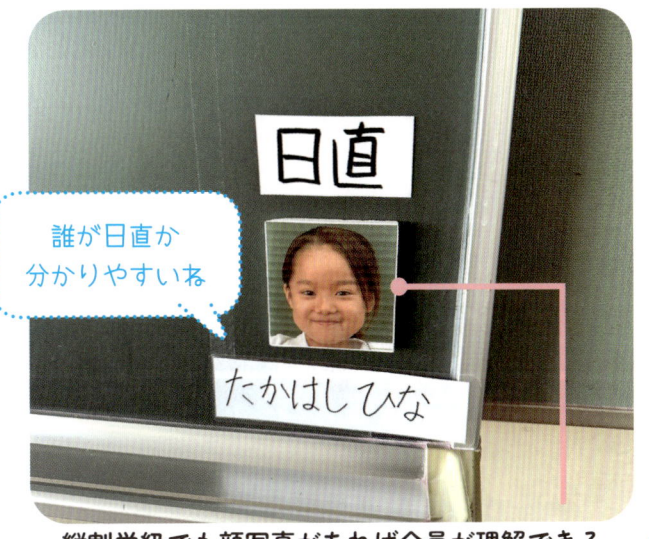

誰が日直か分かりやすいね

縦割学級でも顔写真があれば全員が理解できる

23 天気の確認
お天気スクエア

準備 するもの	・天気ボード

一日の過ごし方が
分かるようになる！

四角い枠で
空を見てみよう

困りごと ＆ アセスメント

Q 子どもたちが天気に注目できるようにしたいです。朝の会に入れることができる活動はありますか？

A 天気で休み時間などの過ごし方も変わってくるので、教材を使って確認することを習慣にできるようにしましょう。

実践の流れ

① 厚紙を四角形に切ります。

② 写真の額をイメージしながら厚紙の内側を切ります。

③ 教材を手に持ち、空を見ます。

いるかどり先生からの アドバイス

☑ カメラマンになったように、絵画を見るように、空をのぞいてみましょう。「見る」ことをイメージできるように教材を作成してみました。「どんな天気かな」とひとりずつ空をのぞいてみても楽しいです。教材はボール紙や厚紙で作成をして長期間使用できるようにしましょう。

応用編

24 天気を撮影する

事例23では、厚紙などを使用して空を見ることができるように工夫をしました。今回は、タブレットを使用して写真を撮影しています。記録に残すことができるので、空の写真を集めて、年度末にスライドショーにしてみてはいかがでしょうか。学級の全員が撮影や確認ができるように共有フォルダを作成すると便利です。

準備するもの ・タブレット

年度末の
スライドショーにもなる!

毎日の空の
記録を残そう!

25 朝の会
朝の会のアップデート大作戦

準備するもの　・台本や天気ボードなど

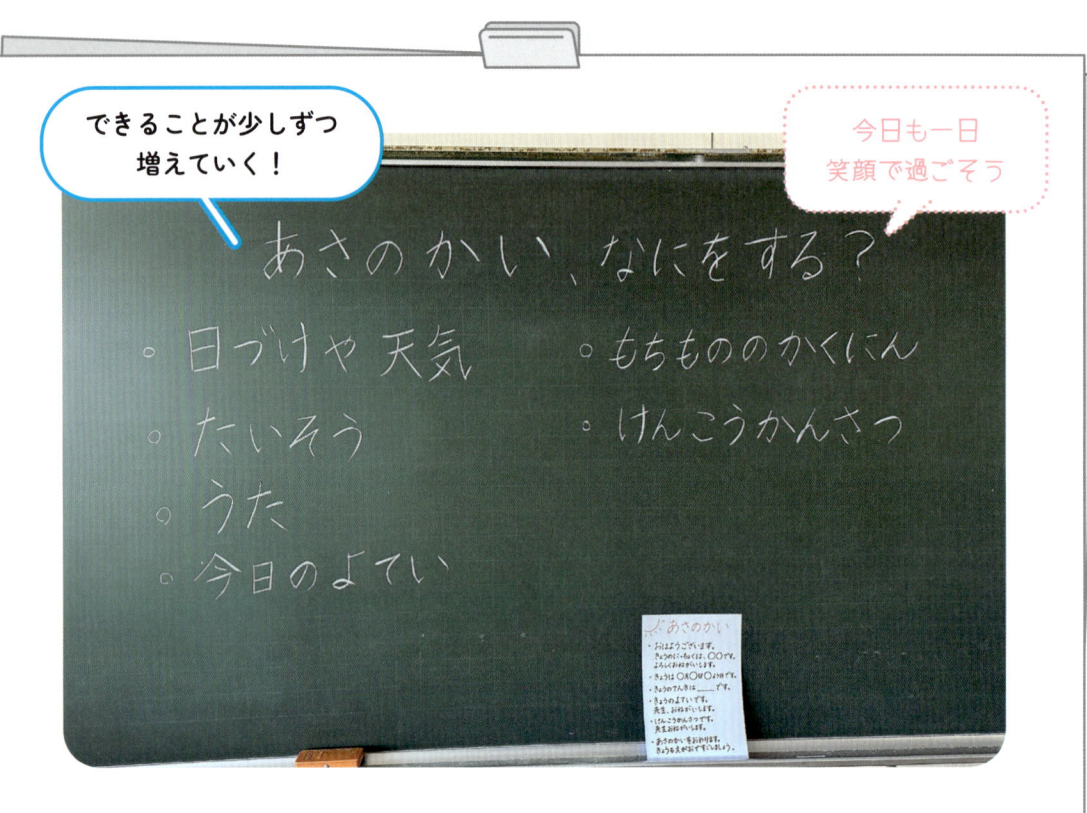

できることが少しずつ
増えていく！

今日も一日
笑顔で過ごそう

困りごと & アセスメント

Q 朝の会がマンネリ化し盛り上がりません。どんな活動をしていますか？

A 一年間同じことをするのではなく、子どもの成長や実態に合わせ定期的に内容をアップデートしましょう。

実践の流れ

❶ 子どもたちの実態を把握します。

❷ 学級全体で取り組みたいことを計画します。

❸ 子どもたちと一緒に朝の会をし、定期的に見直します。

いるかどり先生からの アドバイス

☑ 朝の会には、どんな活動をしていますか？　今月の歌や校歌を歌う、体操や３分間チャレンジなどの運動、絵本や紙芝居の読み聞かせ、計算タイムやボードゲームなどの学習、着替えや整理整頓などの日常生活の指導、など学級の実態に合わせて内容を検討していきましょう。

応用編

26 服装をチェックする

子どもたちは、「その瞬間」を生きています。「すぐに遊びたい！」「早く行きたい」などの焦る気持ちを受け止めつつ、服装を確認できるような声かけを続けていきましょう。声かけをする際には、「またシャツでてるよ」などネガティブな声かけではなく、「前が完璧だね！　後ろも一緒にやろうか」などポジティブな声かけを心がけましょう。

準備するもの ・必要に応じてイラストなど

ふくそう

楽しく服装チェックできる！

てくび　　くび　　おなか

後ろは完璧！
前はどうかな？

27 時刻の把握
時刻を確認する

準備するもの　・時計　・画用紙など

長いはりがりんごにきたら
おしまいだね

時計を見る習慣がつく！

数字が読めない子にはくだものの名前などで伝え、少しずつ数字になじませていく

困りごと ＆ アセスメント

Q 子どもたちと一緒に時計を見ているのですが、数字では難しいです。

A 時計を見て時刻を確認することは、生きていく上で役に立つ力です。まずはイラストなどを使用してみてはどうでしょう。

❶ 時計に数字（〜分）や絵など、子どもたちが理解できるように加工をします。

❷ 子どもたちと生活の中で声かけをしていきます。

いるかどり先生からの アドバイス

✓ 自分で行動・生活するためには、時計・時刻・時間の概念を理解していることが大切です。子どもたちの理解度に応じて、「長い針がりんごにきたら片付けよう」など、イラストを使用して指導するなど工夫をしていきましょう。子どもたちの理解度に合わせた指導と支援が大切です。

応用編

28 朝と夜、午前と午後をイメージする

自分の起きて活動をしている時間が理解できるようになったら、朝と夜、午前と午後、24時間の概念、などステップアップしていきましょう。太陽や月の動き、動物の活動時間の違い、自分が寝ている時間など、身近でイメージしやすいことから理解を深めていきましょう。そして、生活リズムを記載するなど健康的な生活へつなげていきます。

準備するもの ・黒板 ・イラスト

1日は24時間あるんだね

身近なイメージから始めることが大事！

29 身支度
自分の荷物を確認する

準備 するもの	・手順表　・見本シート

手順表

手順表を見ながら
進めよう

一目でやることが
分かる！

見本シート

困りごと ＆ アセスメント

Q 帰りの会や下校で荷物の準備に時間がかかります。何か支援や教材はありますか？

A 理想は子どもたちが自分でできる時間を設定することです。手順表や見本シートなどを活用しましょう。

実践の流れ ✦

❶ 手順表や見本シートを作成します。

❷ 最初のうちは教師と子どもたちが一緒に準備をします。

❸ 慣れてきたら子どもたちが自分で取り組みます。

いるかどり先生からの アドバイス 💡

☑ 子どもたちが実際に使用している荷物を机の真上から撮影をして A3 サイズに見本シートを印刷をしました。写真には、手順表と同じ番号を記入しています。まずは、机の上に自分の荷物を並べること、続いて手順表を見ながら整理整頓をしていくことで、忘れを予防すると同時に自分のスペースの中で、自分でできることを目指した取り組みです。

応用編

30 帰りの準備をする

事例 29 の紙の代わりにタブレットのメモアプリを使います。それぞれ手順表という役割は同じ教材ですが、子どもの実態に応じてツールを使い分けることで効果的に学習（会の準備など）を進めることができます。子どもたちが混乱しないように教室内の動線を整えることも大切です。

準備するもの ・手順表など

手順表を見て子どもが一人で準備できる！

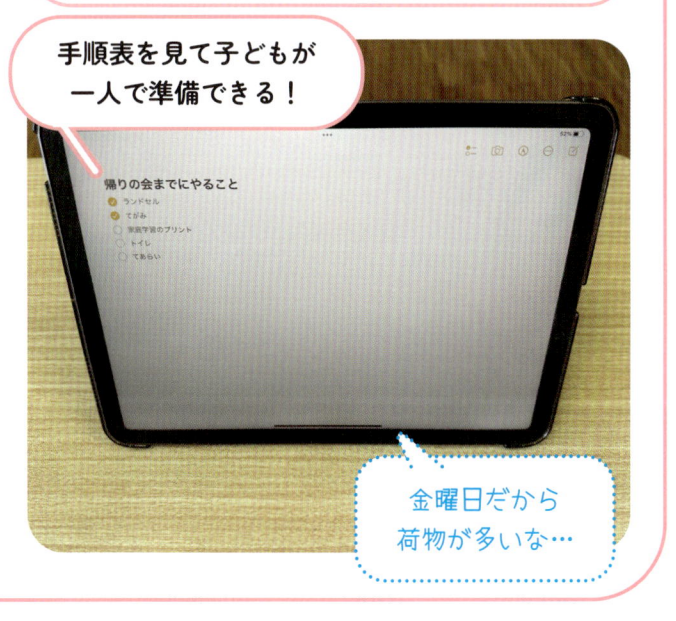

金曜日だから荷物が多いな…

31 帰りの会 今日の当番活動をする

準備するもの ・当番活動マグネット

ひもを引くと写真が移動する

次はぼくがやるね

てがみ／チーム

これから　➡️　できた

活動できたら写真を右に移動

困りごと & アセスメント

Q 帰りの会の時間に、窓チェックや植物に水やりなどの当番活動を入れたいです。

A 全員が活躍できる内容で、自分でできる活動が望ましいと思います。ぜひ、取り入れてみてください。

実践の流れ

❶ 子どもたちと帰りの当番活動について相談します。

❷ 当番活動が理解できるようなイラストや写真を用意します。

❸ 毎日、当番活動を取り組み、できたら写真を右に移動します。

いるかどり先生からの アドバイス

☑ 当番活動をすることで、学級の一員としても帰属感を高めることができたら素敵ですね。自然に触れ合うこと、戸締りなどの安全確認の意識など、将来に役立つスキルを活動を通して学びましょう。欠席した子がいたときには、「わたしが水やりもするね！」などあたたかい言葉が聞こえるようになります。

応用編

32 チェックシートを活用する

久しぶりに行う当番活動では、どんなことをするのか忘れてしまうことがあります。そんなときに、子どもたちが不安にならないように、何をするのか思い出せるようなチェックリストやメモ、写真などを用意しておきましょう。当番活動は、週で交代したり、一日ずつで交代したり、期間についても子どもたちと相談をして納得して取り組める活動にしましょう。

準備するもの	・チェックシート　・やることメモ

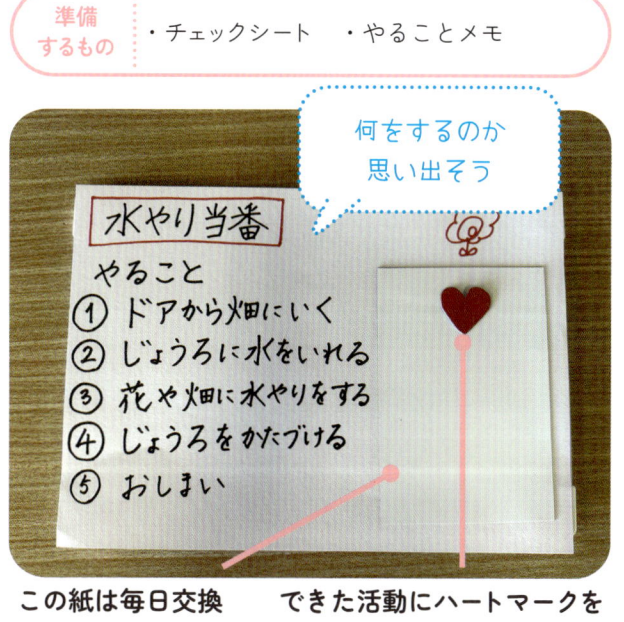

何をするのか思い出そう

この紙は毎日交換して使用する

できた活動にハートマークを入れチェックをする

33 帰りの会
自分の気持ちを発表する

準備するもの	・必要に応じてイラストや具体物など

具体物を渡すだけで支援になる！

今日は風せんづくりに挑戦しました！

教師が代弁してもよい

困りごと ＆ アセスメント

Q 今日の振り返り時間に自分の気持ちを発表する場面がありますが、言葉で発表することができません。

A 慣れるまでは子どもたちの気持ちを教師が汲み取り、教師が代弁するのはどうでしょうか？

❶ 子どもたちが発表したいものをもってきます。

❷ 縄跳びであれば縄跳びについてのエピソードを確認します。

❸ 教師が発表内容を代弁します。慣れてきたら少しずつ子どもが発表していきます。

いるかどり先生からの アドバイス

✓ 子どもたちの心身の成長のためには、自分にできることを自分にできるペースで取り組み、成功体験を積むことが重要だと考えています。声に出して発表することが難しいときでも、その子にできることを見つけ、残りの部分を教師が支援することで活躍の場をつくることができます。

応用編

34 楽しかったことをふりかえる

学級の全員がマグネットシートやホワイトボードなどに、今日の思い出や気持ちを書いて、黒板に貼って帰ると、毎日ポジティブな気持ちで1日を終えることができます。当たり前のように過ぎる毎日の中で感動や感謝を見つけることは、自分の人生を明るく豊かにするきっかけとなります。また、次の日の朝には、昨日のふりかえりからスタートすることができます。

準備するもの ・ホワイトボード ・マグネットシート

私たちの楽しかったこと

翌日にはふりかえりとして使える！

35 帰りの会
明日の予定と楽しみを確認する

準備するもの ・予定表 ・時間割

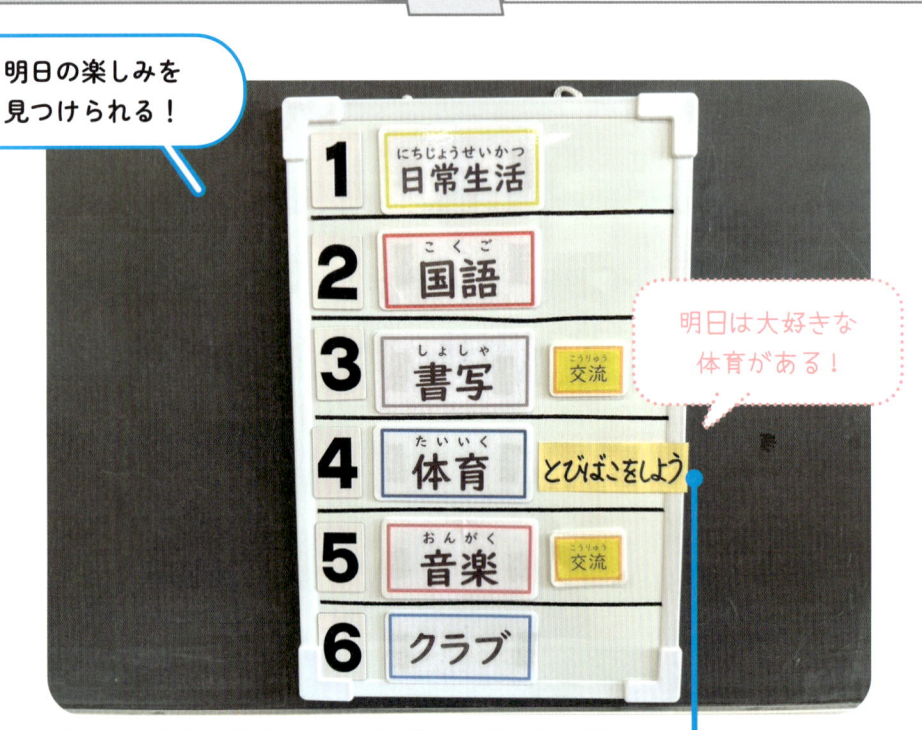

明日の楽しみを見つけられる！

明日は大好きな体育がある！

1	日常生活（にちじょうせいかつ）
2	国語（こくご）
3	書写（しょしゃ）　交流（こうりゅう）
4	体育（たいいく）　とびばこをしよう
5	音楽（おんがく）　交流（こうりゅう）
6	クラブ

子どもの好きな活動をテープに書いてその場で貼る

困りごと ＆ アセスメント

Q 毎日朝に時間割を確認しているのですが、帰りの会でも確認したほうがよいでしょうか？

A 明日はどんな楽しいことがあるのかな？　と期待感を込めて下校できるようにすると、登校が楽しみになります。

実践の流れ

❶ 時間割を見ながら、明日の時間割を確認します。

❷ 持ち物や活動場所にも注目できるような声かけをします。

❸ 子どもに楽しみな活動を聞き、期待感がもてる声かけをしながら
時間割に明示します。

いるかどり先生からの アドバイス

☑ 明日はどんな１日になるのかな？　期待感をもって下校をすることができたら、今日の学校生活の終わりがポジティブになります。子どもたちが、寝るときに目をつむって、「早く明日になって学校にいきたいな」って思えたら幸せですね。学校や活動に期待感がもてるような声かけをしていきましょう。

応 用 編

36 交流学習を確認する

帰る前に、交流予定を確認することは、万が一、学習道具が分からないといった際に、交流担任に確認をしにいくことができるといったメリットがあります。天候によって時間割が変更になる場合もあるので、前日に確認する時間を設けておくと、子どもたちも保護者も安心できます。教職員で連携をとり、連絡を取れる体制を整えましょう。

準備するもの
・交流ボード

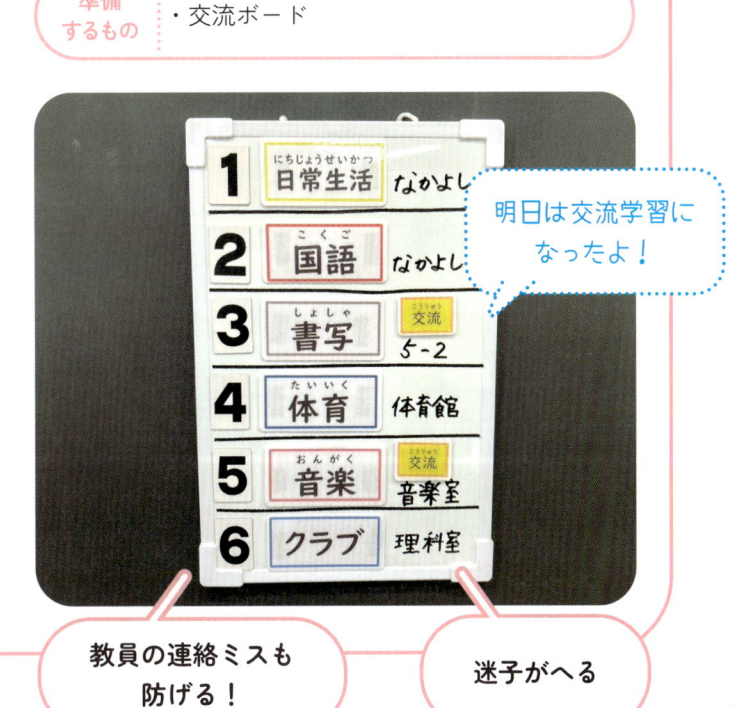

明日は交流学習になったよ！

教員の連絡ミスも防げる！

迷子がへる

37 洗濯物たたみ
靴下をたたむ

準備
するもの　・靴下　・手順書（テンプレート）・収納容器

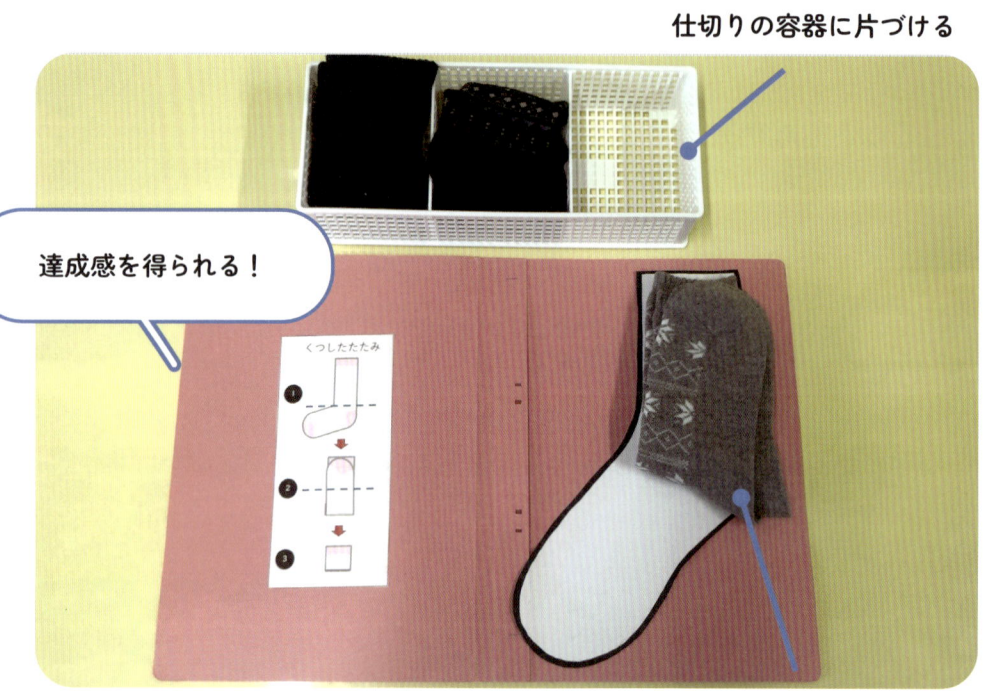

仕切りの容器に片づける

達成感を得られる！

同じ柄の靴下をマッチングして重ねる

困りごと & アセスメント

Q 家庭でできるお手伝いを教えたいのですが、取り組みやすい活動はありますか。

A 靴下たたみはステップが少なく、同じ色や柄を合わせるマッチングの要素もあるので取り組みやすいです。

実践の流れ

❶ 同じ柄の靴下をテンプレートの上に重ねます。

❷ 半分に畳みます。

❸ 畳んだ靴下を収納容器に入れます。

いるかどり先生からの アドバイス

✓ お手伝いの活動を考えるときには、子どもができることを使える活動を選ぶことが重要です。

✓ まずは、靴下だけ、ハンカチだけのように畳むものを決めると取り組みやすく達成感を得やすくなります。

応用編

38 靴下を干す

靴下を干す活動もお手伝いとして分かりやすい活動です。最初は練習として、実際に洗濯していないものから始めるとよいです。靴下にフエルトシールなどをつけておき、洗濯バサミではさむ目印にすると分かりやすくなります。

また、洗濯物の取り込みも、すべてかごに入れると終わりですので、分かりやすく取り組みやすい活動です。

| 準備するもの | ・ピンチハンガー　・フエルトシール
・靴下 |

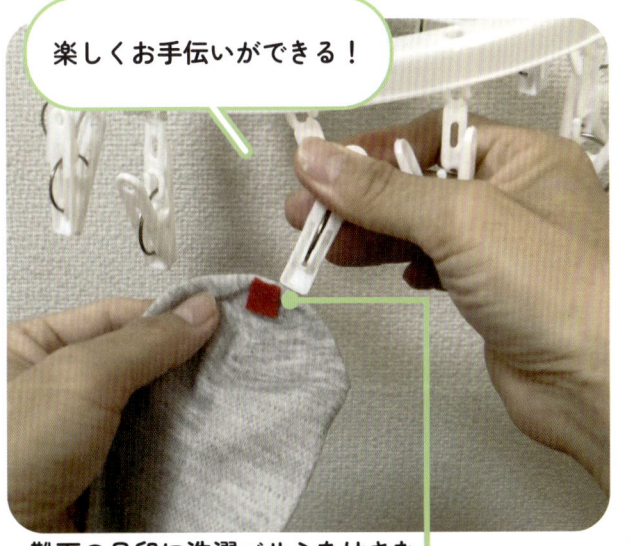

楽しくお手伝いができる！

靴下の目印に洗濯バサミをはさむ

39 着替え

着替えのカゴと手順表

準備
するもの ・着替えのカゴ　・手順表

脱いだ服と着る服の区別が
はっきりする！

カゴに入れる習慣が
身につく

ぬいだら
いれます

① 上のふくをぬぐ
②
③
④
⑤

手順表

困りごと & アセスメント

Q 子どもたちが自分で着替えることができるようにしたいです。どのような支援がありますか？

A まずは、脱いだ服と着る服が分かるように整えましょう。収納する袋やロッカーの場所なども手順表に加えましょう。

実践の流れ ‥‥‥‥‥‥‥‥‥‥‥‥‥‥‥‥‥

❶ カゴを用意します。
❷ 手順表を作成します。
❸ 手順表を確認しながら一連の動作を指導します。

いるかどり先生からの アドバイス

☑ 子どもたちの「できること」から自力でできるように環境を整えましょう。「ロッカーから体育袋をもってくるけれど、着替えることは難しい」「着替えることはできるけど、整理整頓が難しい」など、それぞれの実態に合わせて支援のポイントを見極めて環境を整えることが大切です。

応用編

40 着替えのマナーを知る

‥‥‥‥‥‥‥‥‥‥‥‥‥‥‥‥‥‥‥‥‥‥‥‥

性別に関係なく、生活年齢が上がると同時に、着替える姿を人に見せないように指導をすることも大切です。将来的には、更衣室で着替えたり、試着室で着替えたり、自分の身を守ると同時にマナーを守ることができるように指導を継続していきます。また、誰かが着替えているときにはのぞかないことも指導をしていきましょう。

| 準備するもの | ・パーテーション |

着替え中マークをつける

41 着替え
自分のスペースで着替える

準備するもの	・ビニールテープ

着替えの集中力が上がる！

色の中が
自分の空間だよ

じぶんのつくえ
テープのなかで
きがえる

困りごと & アセスメント

Q 着替え中にうろうろしていて、着替えが終わると、友だちにちょっかいをかけてふざける子がいます。

A 色テープを床に貼るなどして、自分のスペースを視覚的に理解できるようにしましょう。

実践の流れ ・・・・・・・・・◆・・・・・・・・・・・・・・・・・・・・・・・・・・・・・・・・

❶ 落ち着いて着替える大切さを指導します。

❷ 色テープの中で着替えます。

❸ 着替え終わったあと、一人ひとりが机で取り組める活動を用意します。

いるかどり先生からの アドバイス 💡

✓ 着替えが終わったあとに、何をしていいのか分からない＝ふざけてしまう場合があります。読書や塗り絵、折り紙など全員が着替え終えるまでの時間が空白にならないように活動を設定しましょう。また、着替えるスペースを床に色テープで示し、自分の場所を確認できるようにしましょう。

応用編

42 プライベートゾーンを隠す

水泳指導の時間には、水着に着替えます。更衣室への移動方法や着替える手順を伝えると同時に、プライベートゾーンが周りの人に見えないように配慮して着替えられるように指導をしましょう。プール用のタオルを巻いて着替えることや、パーテーションで区切られたスペースで着替えるなど、指導を継続していきましょう。

準備するもの ・人形やイラスト

プール ポイント

みずぎにきがえる
タオルをからだにまく

水着でかくれるところは
人には見せないよ

43 衣服の整頓
かんたん服たたみ

準備するもの ・ラップの芯 ・スチレンボードなど

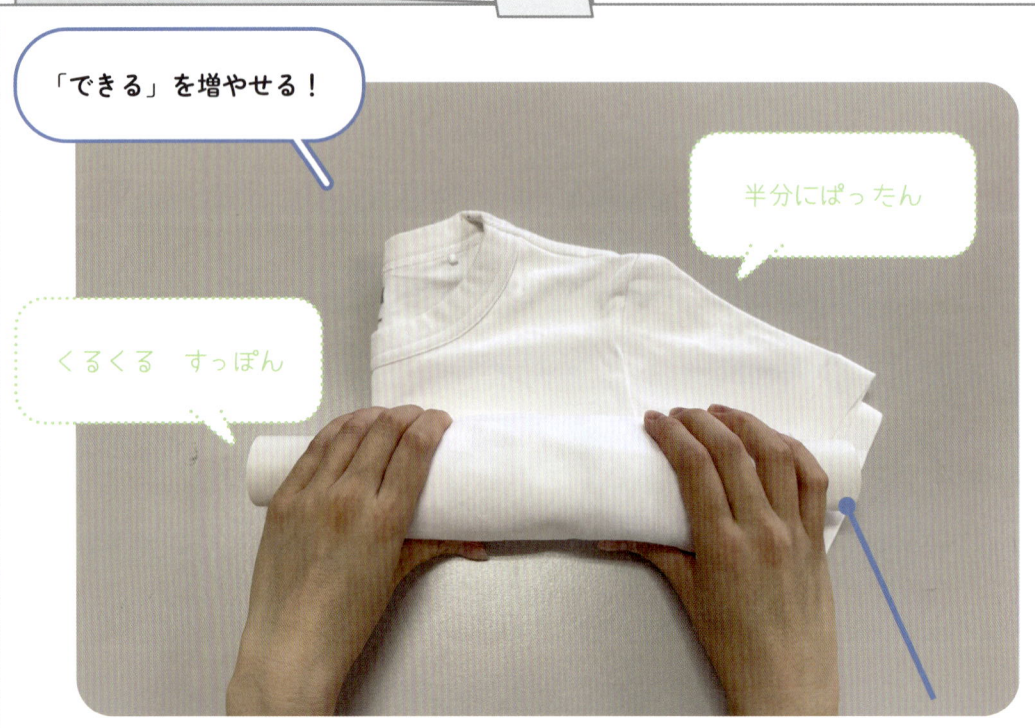

「できる」を増やせる！

半分にぱったん

くるくる　すっぽん

ラップの芯に巻いていく

困りごと & アセスメント

Q 服のたたみ方を指導したいのですが、どうしても服を抑えたり、折ったりすることが難しいです。

A 身近な廃材を道具として活用することで、簡単に服をたたむことができます。学習に取り入れてみましょう。

実践の流れ

1. ラップの芯を服の上に置きます。
2. ラップの芯に巻くように服を巻きます。
3. ラップの芯を取り、服を半分に折ります。

いるかどり先生からの アドバイス

☑ 子どもたちにできる服のたたみ方を指導していきましょう。手指の発達や目と手の協応、たたむことへの理解度などの成長に合わせて、ステップアップしていくことが大切です。まずはくるくる丸めたり、半分に折ったりすることから始めてみることで、子どもたちのできることを増やせるかもしれません。

応用編

44 服をハンガーにかける

教室や廊下にハンガーラックがあれば、ハンガーにかけて服を乾かしたり、収納する指導を取り入れてみてもよいかもしれません。雨の日に使用したカッパや寒い日に使用したコートなど、意図的にハンガーラックを使用できる環境を整えることで、家庭と学校で同じように収納できるようにしましょう。

準備するもの ・ハンガー

収納する経験が積める！

下からハンガーを入れよう

基本から説明することが大切

45 靴の着脱
自分に合った靴を選ぶ

準備
するもの　・靴や上靴（マジックテープの靴など）

自分に合った靴の着脱を
練習する！

テープをぺったんするよ

困りごと & アセスメント

Q 靴の着脱については、ひもを結ぶことができるまで指導をする必要がありますか？

A 大人用の靴で、マジックテープを使用したものや足を入れるだけのタイプの靴もあるので柔軟に考えましょう。

実践の流れ

① 保護者が子どもたちの成長に合わせて靴を選びます。
② 体育館の運動やウォーキングの学習を取り入れます。
③ ②の学習の前に靴の着脱方法を意識した声かけをします。

いるかどり先生からの アドバイス

☑ 運動をする学習を授業で取り入れたり、朝の時間にウォーキングをしたり、計画的に靴を着脱する機会を設定しましょう。靴については、高学年だからヒモのタイプにするなど生活年齢で決めるのではなく、自分でスムーズに着脱できること、スムーズに歩けることに着眼して選ぶようにしましょう。

応用編

46 足形アート

1年生で足形をとり、6年生でも足形をとると、身体の成長に驚きます。子どもたちが自分で成長を実感するひとつの手段として、足形や手形で記録を残してみましょう。また、記録だけでは、もったいないので、動物を描いてみたり、オリジナルの絵画として作品にしてみるのもおもしろいです。スポンジやゆび絵の具を使用すると綺麗に描けます。

| 準備するもの | ・厚紙　・スポンジ　・ゆび絵の具など |

成長を実感！

足形で
動物にしたよ

51

47 洗たく
上靴を洗う

準備するもの ・上靴 ・洗剤 ・バケツ ・ブラシ ・ハンガー

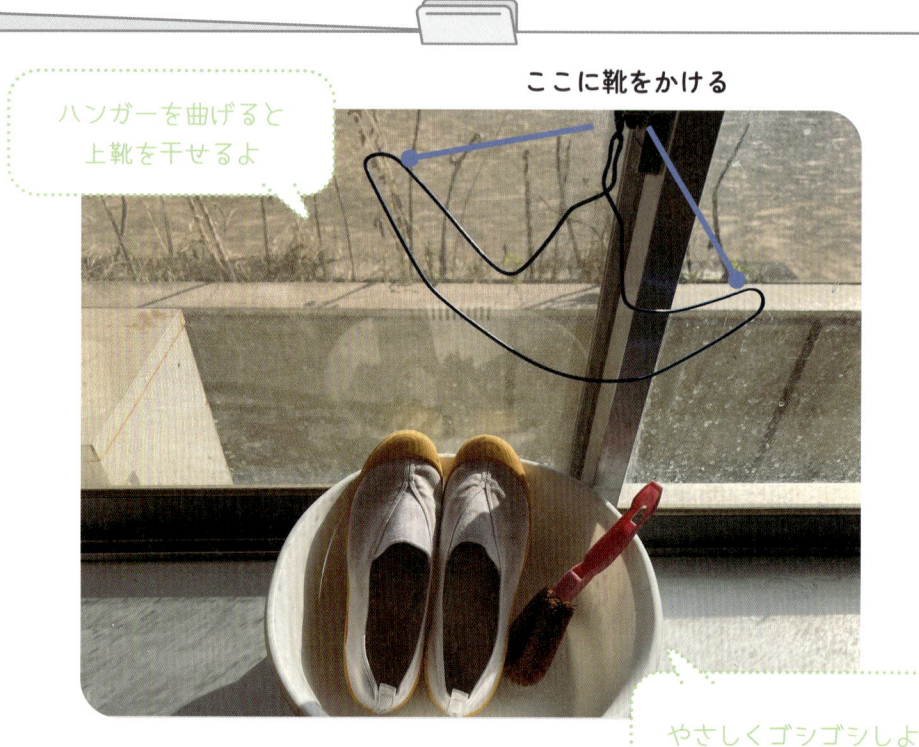

ここに靴をかける

ハンガーを曲げると上靴を干せるよ

やさしくゴシゴシしよう

困りごと & アセスメント

Q 上靴を家庭で洗ってくることがありません。学校で取り入れてもよいでしょうか。

A 保護者の承諾をもらい日常生活の指導に取り入れましょう。自分で洗う習慣が身につくように指導していきましょう。

実践の流れ

❶ 道具を準備します。

❷ 必要に応じてゴム手袋を使用します。

❸ 上靴を洗います。

いるかどり先生からの アドバイス

✔毎日使用する上靴は汚れがたまりやすいです。衛生的な環境で過ごすためにも、洗う習慣が身につくように指導をしていきましょう。低刺激な洗剤を選んで使用し、教師も一緒に洗うことで安全に配慮しましょう。学校と家庭で同じ道具を使用することで家庭でも自分でできるようにつなげていけるとベストです。

応用編

48 洗濯機を使う

学校によっては、特別支援学級の教室に冷蔵庫や洗濯機が設置してあります。もしくは保健室に設置してあります。調理実習の後片付けなど、教師がすべて行うのではなく、お手拭きやタオルを洗濯機で洗濯する→ラックに干す→たたんで収納する一連の流れを子どもたちと一緒に行い、経験値を増やしていきましょう。

準備するもの	・タオル　・洗濯機 ・ハンガーラックなど

洗濯機 → 干す → たたむを経験できる

49 スムーズな着替え
はりねずみチャレンジ

準備
するもの ・洗濯ばさみ

簡単→苦手な箇所と、
スモールステップで取り組む

服を脱ぐ練習に
ピッタリ！

楽しくできる！

困りごと ＆ アセスメント

Q 一人で服を着替えると、とても時間がかかってしまいます。授業時間にも影響がでることがあります。

A 着替えの動作に困っている様子はありませんか。肩回りの可動をスムーズにするトレーニングをしてみましょう。

実践の流れ

❶ 授業者が、児童の背中に洗濯ばさみをつけます。

❷ スタートの合図で、背中の洗濯ばさみをとります。

❸ 項目48のように片付けまでします。

いるかどり先生からの アドバイス

☑ はりねずみチャレンジのように、楽しめる活動を取り入れる場合には、子どもの実態に応じて制限時間を設けると、ゲーム感覚で楽しみながら活動できます。逆に制限時間があると、ドキドキ緊張してしまう子もいるので、子どもたちと相談をしながら取り組みましょう。マスキングテープや付箋などでも行うことができます。

応用編

㊿ 厚紙チャレンジ

着替えに時間がかかる児童の中には、指先のコントロールが苦手な子もいます。そうした児童には、背中からとった洗濯ばさみを片付けるときも活動のチャンスです。準備するものは、洗濯ばさみがピッタリ入る厚紙のみです。厚紙に一つひとつ留めていく活動は、指先の巧緻性を高めることに効果的です。自立活動と関連付けながら計画しましょう。

準備するもの ・洗濯ばさみ　・厚紙

つまんで、はなすよ

指先の訓練になる！

手洗いの仕方
51 手洗いイラストを見る

準備するもの	・イラストカード　・ラミネート

石けんを使いきれいに洗えるようになる！

「ゴール」までやってみよう

困りごと ＆ アセスメント

Q 手洗いをするときに、指を水に濡らして終わりにしてしまいます。

A イラストを掲示して手順が分かるようにしましょう。「ゴール（おわり）」まで表示することが大切です。

実践の流れ

❶ 手洗いの手順が書かれている表示を作成します。

❷ ゴール（おわり）までの手順を一緒に確認します。

❸ 毎日１回ずつ教師と一緒に手洗いをする時間を設定します。

いるかどり先生からの アドバイス

☑ 手順表を作成するときには、「はじまり」と「おわり」を明確にすると理解がしやすくなります。水を使用する場所の場合には、ラミネート加工をして防水にすることで長く使用できます。また、防水の非接触型のタイマーを使うと時間の目安となります。

応用編

52 消えるペンで確認する

子どもたちにとって、手洗いは「めんどくさい」ものかもしれません。楽しく取り組む工夫として、水で消えるスタンプを使用してみてはどうでしょう？　洗う箇所を視覚的に理解をすることができ、「洗った」ことが分かりやすいです。また、かわいいイラストで気分も高まります。指の間や手の甲など、忘れがちな部分にスタンプをしましょう。

準備するもの	・手洗いスタンプ　・手洗いペン

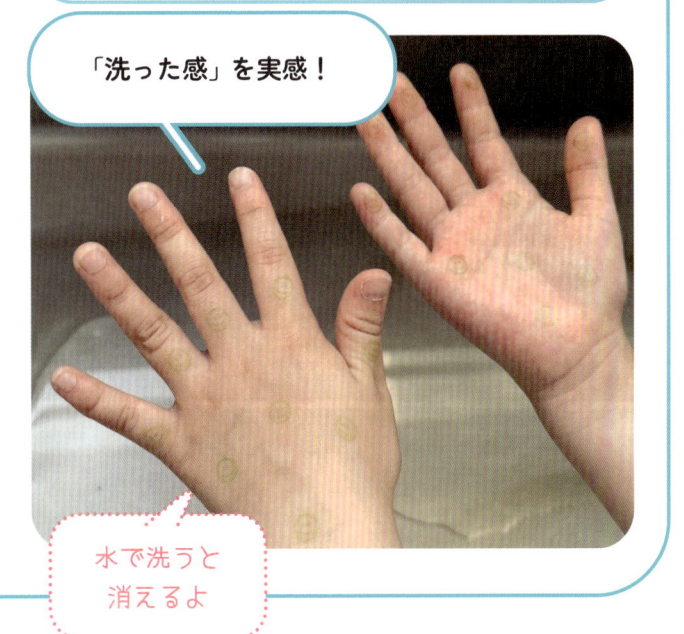

「洗った感」を実感！

水で洗うと消えるよ

53 水場を使用する
石鹸のタイプを選ぶ

準備するもの ・固形石鹸 ・液体石鹸 ・泡石鹸など

どれで洗おうかな

好きなほうを選べると
安心できる！

困りごと & アセスメント

Q 子どもたちが石鹸を使用するのを嫌がったり、蛇口を閉めずに水を出しっぱなしにしたりしてしまいます。

A 水場の石鹸の触覚が嫌なのかもしれません。また、ひねる動作についても左右どちらも回せるように指導しましょう。

実践の流れ

❶ 子どもたちと石鹸の触感について確認します。

❷ ネットやポンプ式ボトルの使用方法を覚えます。

❸ 好きなほうを選び、毎日継続して指導をします。

いるかどり先生からの アドバイス

☑ 手洗いがイヤな理由のひとつとして「石鹸の触感」が考えられます。固形石鹸はネットに入っているためネットの感触が痛いと感じる子もいれば、ポンプ式ボトルに入っている液体石鹸だとヌメヌメして気持ちが悪いと感じる子もいます。石鹸の種類を複数設置をして、選択できるようにしましょう。

応用編

54 蛇口をひねる

生活の場で見かける蛇口は、上下や左右に動かすタイプ、センサーに手をかざすタイプなどさまざまです。家庭やお店では、ひねるタイプの蛇口を見かけなくなってきました。そのため、手首をひねるという動作が分からない子や経験をしたことがない子もいます。ホームセンターなどで蛇口のパーツだけを購入し、学習に取り入れてみてもよいかもしれません。

> 準備するもの
> ・蛇口のパーツ

水は出ないけど、本物で学ぶ

55 用を足す手順を知る
イラストで確認する

準備 するもの	・イラスト　・ラミネート加工

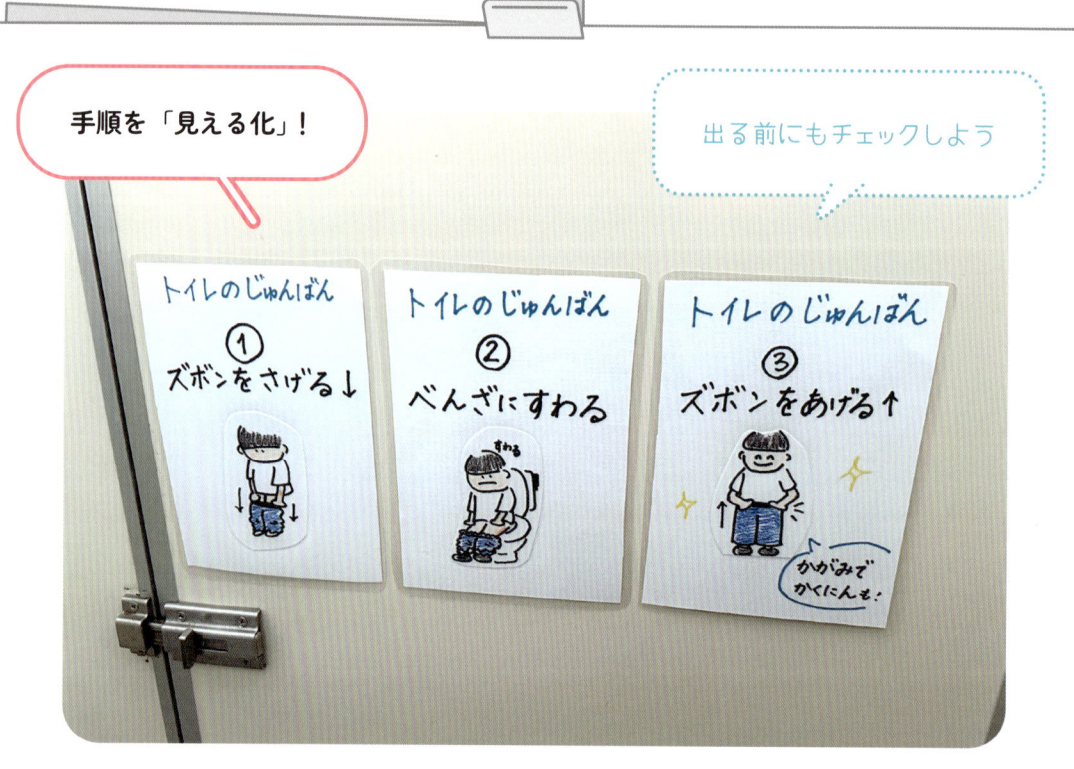

困りごと ＆ アセスメント

Q トイレに行くとズボンを上げ忘れてしまったり、なかなか戻ってこなかったりしてしまいます。

A 手順を掲示します。全部の情報を一度に伝えることが効果的ではない場合は、移動しながら確認できるようにしましょう。

1. トレイの動作を確認します。
2. トイレに入ってから出るまでの行動を番号にします。
3. 番号を見ながら行動をします。

いるかどり先生からの アドバイス

☑ トイレに入ったときの行動を考えて見ましょう。例えば「ズボンを下げる」「トイレットペーパーを使用する」など、数字を決めてトイレに行ったらいつも決まった動作ができるようにしましょう。また、立ち便器の指導が難しい場合には、洋式の座る便器（大便・小便兼用）を使う指導をしましょう。

応用編

56 立って取れるトイレットペーパー

和式の便器や洋式の便器で、座って使用したあと、「座った姿勢」でトイレットペーパーを使用することが難しいことがあります。座った体制を維持することが難しい、拭く位置まで手が届かないなどの理由が考えられる場合には、「立った姿勢」でトイレットペーパーを取ることができるように工夫をしましょう。曲げることができるハンガーで作成できます。

準備するもの ・洋服のハンガー ・トイレットペーパー

立ったときの高さで取りやすい

57 消毒とマスクをする
感染症予防する

準備 するもの	・アルコール　・マスク

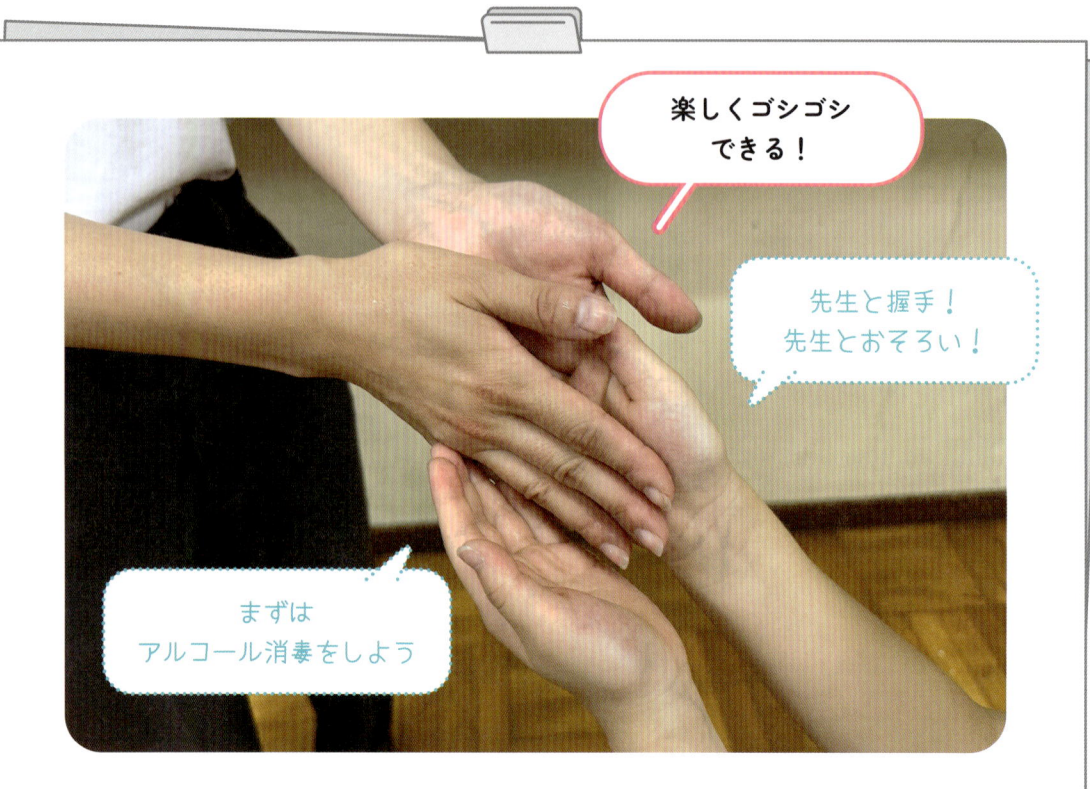

楽しくゴシゴシ
できる！

先生と握手！
先生とおそろい！

まずは
アルコール消毒をしよう

困りごと ＆ アセスメント

Q アルコール消毒やマスクの着用を嫌がる子がいます。どのように指導すればよいでしょうか？

A 先生と握手で消毒します。マスクについては触感が苦手な子もいるので、様々な素材を試してみましょう。

実践の流れ

❶（以下、マスクの場合）着用できるマスクを選びます。
❷ 好きなキャラクターを描きます。
❸ 必要なタイミングで着用をします。

いるかどり先生からの アドバイス

✓ マスクの着用を嫌がる場合には、着用時の息苦しさがある、繊維の触感が苦手などといったことが考えられます。薄い素材や柔らかい素材など着用しやすいものを選びましょう。また、アルコール消毒であれば、教師がアルコールをつけて、子どもと握手をするなど、抵抗感を軽減できるようにしてみましょう。

応用編

58 ハンカチやティッシュを持ち歩く

ティッシュをいつも忘れてしまうという相談を受けることがあります。ハンカチとティッシュを入れた「移動ポーチ」をランドセルに入れて持参し、学校に来たら洋服につけることができるように朝の会や帰りの会で指導をしましょう。ポーチを準備することが難しい場合には、箱ティッシュを机の横にかけて常設することで忘れを予防します。

準備するもの ・移動ポーチ

いつでもとれるように服につけよう！

クリップにとめたり、ズボンにはさんでおく

59 日記を通して献立を知る
給食日記

準備するもの ・ノート ・筆記用具 ・献立表

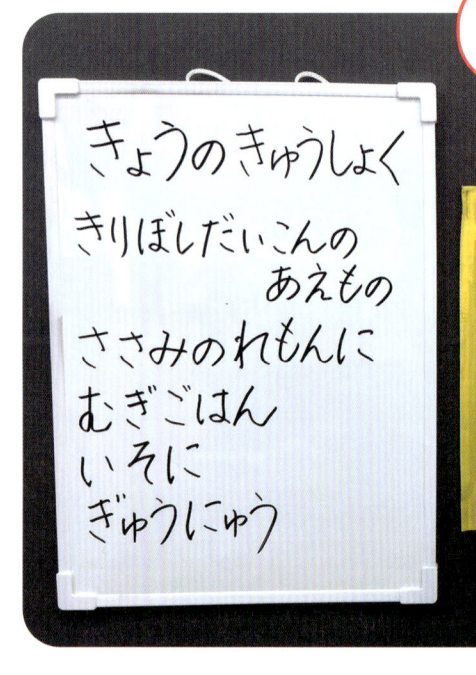

メニューを見て
気持ちをノートに書く！

今日のきゅうしょくは…

困りごと ＆ アセスメント

Q 偏食があります。食前に減らしを呼びかけても減らすことをしないので、たくさん食べ残してしまいます。

A どのような食材が使われているのか、どのような食べ物か、事前に把握できるとよいかもしれません。

❶ 日付と献立表を授業者と一緒に確認します。

❷ 今日の献立に使われている食材を一緒に確認します。

❸ 「今日のきゅうしょくは、」の書き出しで、楽しみ、苦手、初めて、などの気持ちと献立をノートに書きます。

いるかどり先生からのアドバイス

☑ 初めは献立の中から一品選んで書く、というように、スモールステップで取り組みましょう。

☑ 配膳時には、配膳図と配膳した写真を分割してテレビに映すと、献立名と実物が一致しやすいです。

☑ 日記を書く活動を通して、文章の書き方の理解や、文字の習得も図れます。

応用編

60 おぼんの上にすべりどめシート

給食の配膳台から自分の机まで、大人にとっては数歩の距離でも、子どもたちにとってみては遠く感じます。大人にとっては軽い食器も、子どもたちにとっては重たく感じます。滑らない工夫をしたり、動線を整理したり、最短で安全に移動ができるように配慮をすることが大切です。いつでも子ども目線を忘れずにいましょう。

準備するもの　・すべりどめシート

シートの上におぼんを置くよ

61 配膳の準備する 「視える」給食着を着る

準備するもの ・給食着 ・透明なビニール袋など

透明ビニールで視界を確保しながら着る練習！

見えなくならないから大丈夫だよ！

困りごと ＆ アセスメント

Q 給食着を着用するときに、どこから頭を出していいのか分からない様子です。

A 布をかぶって前が見えないと不安になってしまったり、混乱したりしてしまうので、透明な袋で作成してみましょう。

① 透明な生地や透明ビニール袋で給食着を作成します。

② 頭を入れる穴を見つけることができるように目印をつけます（掴みやすい工夫や色で認識できる工夫）。

いるかどり先生からのアドバイス

☑ ボタンで着用するタイプやスポっとかぶるだけのタイプなど、給食着によって指導方法をかえましょう。ボタンの着用が難しい場合は、マジックテープを取り付けたり、ボタンの数を減らしたり、ボタンのサイズを大きくしたり工夫します。かぶるだけのタイプの場合は、透明ビニール袋で作成すると分かりやすいです。

応用編

62 三角巾やエプロンをつける

調理実習のときに三角巾を使用する学校を見かけます。布を広げてから、三角形にたたみ、頭の上で縛る。これらの動作に時間がかかり調理実習の参加に遅れてしまうことのないように、あらかじめ準備をしておくとスムーズです。前日に三角巾を着用する学習を取り入れ、マネキンに被せておくことで、当日の着用がスムーズになります。

準備するもの	・発泡スチロールのマネキン　・三角巾

マネキンからはずしてかぶるだけ

63 配膳をする
机の上を整える

準備するもの ・給食セット

視覚で支援！

見本と同じに置いてみよう

困りごと ＆ アセスメント

Q 給食セットを机に出すときに、毎日説明しても、毎回違うように置いてしまいます。

A 言葉での説明が難しいときには、目で見て分かるように見本を作成して黒板に表示しておきましょう。

❶ 黒板に見本を示します。
❷ 子どもたちが自分のペースで準備を進めます。
❸ 必要な声かけをします。

いるかどり先生からの アドバイス

☑ 視覚支援のメリットのひとつが、その子のペースに合わせて確認できることです。何度も確認することができる、好きなタイミングで確認することができる、理解できるまで見ることができます。必要に応じて、声をかけたり、手を添えたりするなど、支援を調整していきましょう。

応用編

64 ハンカチをぴったり折る

給食マットを給食袋に入れるときには、たたんでいると思います。給食マットは、布の素材のため、たたむ（折る）感覚をイメージことが難しいです。そこで、大きな折り紙を使用して「ぱったん・ぱったん」と2回折って、4分の1サイズにするイメージを高めていきます。慣れてきたら、同じサイズの布でも取り組んでみましょう。

準備するもの　・大きな折り紙　・正方形の布

たたむ感覚がつかめる！

折り紙みたいにするんだ

65 配膳をする
どきどきコップ運び

| 準備するもの | ・紙コップなど落としても壊れないコップ　・お盆 |

失敗しても大丈夫！

そーっとゆっくり運ぼう

困りごと ＆ アセスメント

Q コップに水を入れてくるときに、水をこぼしてしまったり、コップを落としてしまったりします。

A すべりにくい素材のコップを使用したり、コップを入れる容器を用意したりしてこぼれても大丈夫にしてはどうでしょう。

① 紙コップとお盆を用意します。

② 紙コップを落とさないように取り組みます。

③ 全部のコップを運んだらおしまいです。

いるかどり先生からの アドバイス

☑ 子どもたちが「コップを落とさない」「水をこぼさない」という成功体験ができるまで、ゲーム感覚で練習をしてみましょう。紙コップ→画用紙→紙コップ→画用紙の順番に重ねたものを運んでいきます。まっすぐもち、慎重に運ぶことを楽しく学習をします。

応 用 編

66 ココまでマーク

水をたくさんこぼしてしまう子は、満杯まで入れていることが多いです。自分で運べる水の量を入れることを意識できるように、コップに色で目印をつけてみました。透明なコップで取り組むと水と目印を確認しやすいのでおすすめです。細めのマスキングテープであれば繰り返し使用しながら、剥がすのも簡単です。

準備するもの	・透明の使い捨てコップ ・油性色マジックペン　・色テープなど

自分で運べる量が分かる！

テープの位置までにしよう

給食の準備をする
箸やスプーンなどを使う

67

準備 するもの	・箸　・スプーン　・フォーク　・箱　・油ねんど

成功体験ができる！

すべりにくいよ！

困りごと ＆ アセスメント

Q 箸の学習をするために、おはじきや豆の知育玩具を使用しているのですが、難しいです。

A まずは、箸を使ったときに、すべりにくくてつかみやすい素材からはじめましょう。油ねんどがおすすめです。

実践の流れ

❶ ねんどでさまざまな形を作ります（指先の学習）。

❷ お皿の上に置きます。

❸ 箸やスプーンなどで移動させます。

いるかどり先生からの アドバイス 💡

☑ 食べ物はやわらかく、フォークで刺したり、スプーンで切ることもできます。おはじきや豆などツルツルした素材を使った箸の学習は、実は難易度が高いです。フェルトボールなど滑りにくい素材を使ったり、油ねんどのように適度な柔らかさと重さのある素材がおすすめです。

応用編

68 お皿の形マッチング

お皿を種類で分けて重ねることを学習します。学校だけではなく、家庭やレストランでも使う力なので、お皿ごとに形を見極めて、重ねていく力を獲得できるように進めていきましょう。給食で使用しているお皿に似た形の紙皿から取り組み、プラスチック製のお皿にステップアップしていきましょう。落としても安全な素材を使いましょう。

準備するもの	・紙皿　・プラスチック皿など

落としても大丈夫！

同じお皿はどれかな

69 清掃場所を知る
今週の役割を知る

準備するもの	・掃除役割ボード

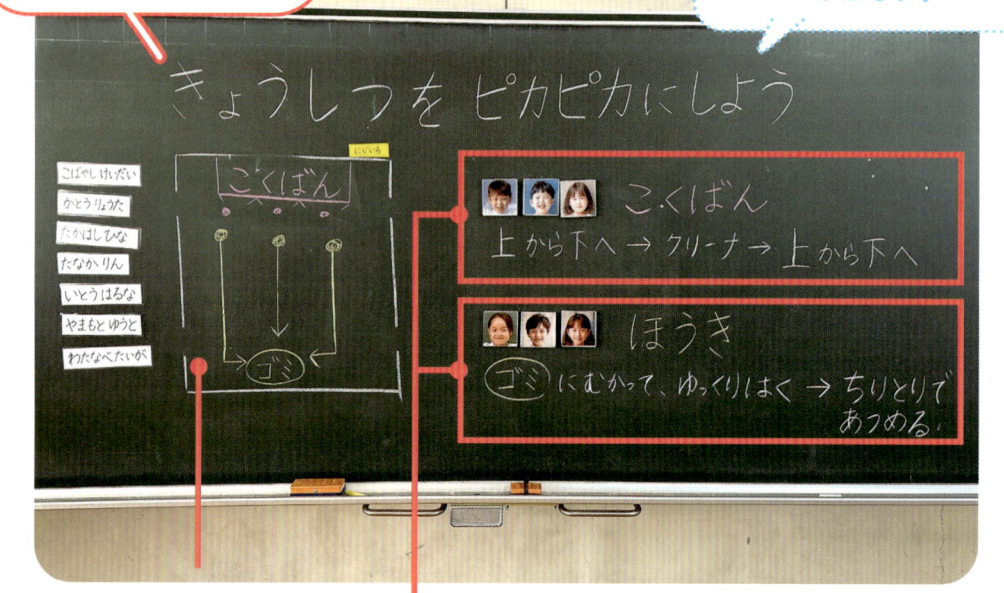

みんなで取り組める！

役割とやり方を決めて取り組もう！

具体的な指示を図解する

清掃する場所と道具を明示する

困りごと & アセスメント

Q 清掃時間内だけでは教師の人手が足りず、一人ひとりに清掃指導をすることができず困っています。

A まずは授業の中で取り扱い、学級みんなで清掃をすることからはじめてみることがおすすめです。

実践の流れ

❶ 清掃場所を確認します。

❷ 清掃時間には全員で同じ場所を確認します。

❸ 曜日によって清掃場所を変えていきます。

いるかどり先生からの アドバイス

☑ 清掃では、「なんとなく掃除をする」ことのないように、目的意識をもって取り組むことが大切です。清掃場所によって変わる清掃方法や使用する道具を明確にしていきましょう。清掃時間だけで指導をすることが難しい場合には清潔感のある空間で生活できるよさについて、授業で取り扱うようにしましょう。

応用編

70 掃除当番表で確認しよう

清掃中に、何か分からないことがあったときに相談をする「教師」の確認ができるようにします。自学級や交流学級、トイレや水場などの「場所」の確認ができるようにします。どの道具を使って、どの部分を清掃すればよいのか「目的」が分かるようにします。誰と、どこで、何をするのかを明確にすることで自分の力で取り組むことができるようにします。

準備するもの ・ホワイトボード ・先生や子どもの写真

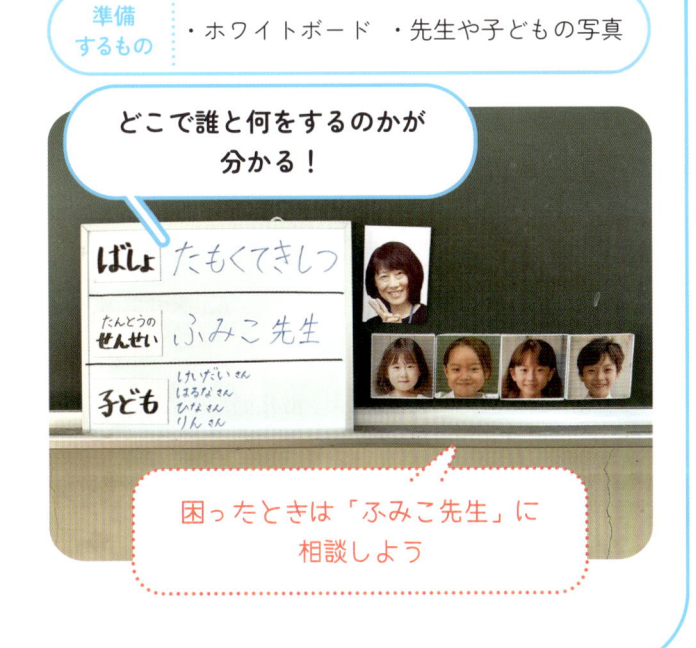

どこで誰と何をするのかが分かる！

困ったときは「ふみこ先生」に相談しよう

71 ほうきの使い方を知る
ミニミニほうき

準備するもの ・机　・テープ　・画用紙　・ビーズなど

ボディイメージが身につく！

やさしく集めてみよう

困りごと ＆ アセスメント

Q ほうきを強く振ってしまうため、友だちにぶつかってしまったり、ゴミが散らばってしまったりします。

A 「ゴミを集める」「やさしく動かす」とはどういうことなのかを落ち着いた雰囲気の中で学習をしましょう。

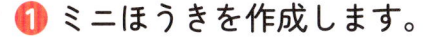

実践の流れ

❶ ミニほうきを作成します。

❷ 子どもたちの実態に合わせてビーズ（難易度高い）やフェルトボール（難易度低い）を用意し、ミニほうきで集めます。

いるかどり先生からの アドバイス 💡

☑道具の操作をする際に、力の加減が難しい場合には、粗大運動や微細運動を取り入れた自立活動と関連付けながらボディイメージを高めることができるようにしましょう。事例71では、事例72（実際の清掃する場面）をミニサイズにすることで実際の場面をイメージできるようにしました。

応用編

72 ちりとりゾーン

授業中に掃除の学習をするときには、「新聞紙を濡らしてちぎった紙」や「シュレッダーした後の細かい紙」を教室全体にばらまくことで、ほうきの使い方を学びます。シュレッダーした後の細かい紙を使用するときには、静電気でくっつきやすくなるので、先に水拭きをしたり、スプレーをして湿度を高めておくと取り組みやすいです。

準備するもの	・ほうきとちりとり ・色テープ　・ゴミのかわりになるもの

テープで分かりやすいよ

73 雑巾の使い方を知る
線の上をなぞり拭き

準備するもの ・机 ・ビニールテープ ・布（メッシュ生地）・雑巾

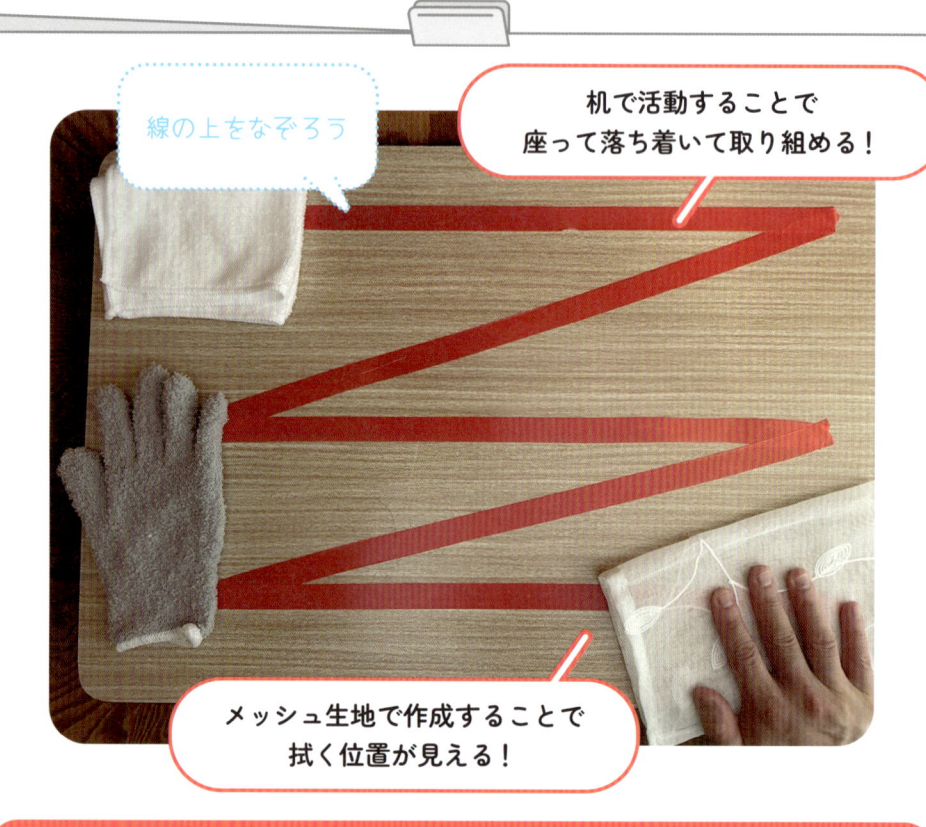

線の上をなぞろう

机で活動することで座って落ち着いて取り組める！

メッシュ生地で作成することで拭く位置が見える！

困りごと ＆ アセスメント

Q 雑巾がけをすることが難しいです。いつも、どこを拭いていいのか分からないのか、飽きて遊んでしまいます。

A まずは、雑巾で拭くという動作から指導してみましょう。拭く位置が見えるように教材を工夫してみましょう。

実践の流れ

① ビニールテープの上を指でなぞります。

② ビニールテープの上をメッシュ生地の布で拭きます。

③ ビニールテープの上を雑巾で拭きます。

いるかどり先生からの アドバイス

☑ 家庭生活（床や机や窓などの清掃）に学習したことを活かすことができるように、雑巾を左右に動かして拭く動作から指導しましょう。

☑ メッシュ生地を使うと、素材の触感が苦手な子もいるので、必ず子どもたちに使用感を相談をしましょう。

応用編

74 車の「ワイパー」拭きをする

左右に腕を動かすことをイメージすることが難しい場合には、車のワイパーの映像を見せるなど、生活の中にある映像を使用すると効果的です。また、左右に動かしてクリアおはじきを回収していくようなゲーム性のある活動を取り入れると楽しく学習することができます。ゴミを落とすのではなく、雑巾で包み込むイメージの獲得へ繋げていきます。

| 準備するもの | ・ワイパーが動く映像　・クリアおはじき
・雑巾 |

ゴミを拭き取るイメージをもてる

ゲーム感覚でできる！

75 窓の拭き方を知る
手持ちワイパーを使う

準備するもの ・手持ちワイパー ・スプレー ・雑巾 ・スポンジ

ワクワク楽しめる！

水がなくなっていくよ

困りごと & アセスメント

Q 大掃除のときに窓拭きをしようとしたら、道具を使用したことがなく、説明だけで終わってしまいました。

A 教室が1階にある場合など、安全に取り組める環境であれば、定期的に窓拭きを入れてみると習得しやすくなります。

実践の流れ

❶ 窓拭きの道具について確認をします。

❷ スポンジや雑巾で拭き掃除をします。

❸ 手持ちワイパーをかけます。

いるかどり先生からの アドバイス

☑ 水を使った学習は、子どもたちの気分が高まります。普段清掃をしない窓や道具を触れることはワクワク感も感じることができるので、定期的に取り入れて楽しく掃除がしたいですね。ただし、手の届く場所にする、力加減を調整する、周辺の確認など、安全第一で取り組むことができるようにしましょう。

応用編

76 窓の鍵を閉める習慣をつける

将来に安全に生活するためには、防犯の意識を高めておくことは重要なことです。誰もいないときには、窓の鍵を閉める、学校では下校をするときのタイミング（家庭では家から出かける前）に窓の鍵をチェックします。チェックすることを習慣にすることで、自分の目と手で確認できるようになります。触って確実に確認できるようにしましょう。

| 準備するもの | ・窓　・窓の鍵 |

目で見て触ってチェック

誰もいないときは閉めるよ

77 ゴミ袋を捨てる
袋をしばる

準備するもの	・布　・ビニール袋

小さ目の袋から
始めてみる！

ひっぱりすぎると
破けちゃうね

将来必ず役立つ！

困りごと ＆ アセスメント

Q ゴミ袋をしばることが難しい児童がいます。何かよい指導方法はありますか？

A 机上で学べるようにサイズを調整した教材を作成し、布や太ひもなどでむすぶ学習を取り入れましょう。

❶ ゴミ袋にゴミが８分目まで入ったらしばります。

❷ 必要に応じてテープなどを使用します。

❸ ゴミ捨て場までもっていきます。

いるかどり先生からの アドバイス

☑ 子どもたちが自分でビニール袋をしばることができるように、取手付きの袋を選んだり、破れにくい素材を選んだりしましょう。袋いっぱいまでゴミを入れるとしばることが難しくなってしまうので、８分目あたりにします。実態に合わせて事例78のようにテープを使うなど、指導を工夫していきましょう。

応用編

78 袋の口をテープでとめる

ゴミ収集では、地域によってルールが決まっています。学校から出すゴミ袋についてテープを使用しても大丈夫であれば、教師や友だちと協力をしてテープで袋の口を閉じることができるようにしましょう。自立活動の身体の動きなどと関連付けながら学習を進めつつ、実際の清掃場面では、テープを使うことで成功体験を重ねます。

準備するもの ・養生テープなど

まずは袋の口を閉じる経験を積む

先生や友だちと一緒に協力しよう

79 運動 ベルタッチ

準備するもの ・ガムテープの芯　・呼び出しベル　・テープ

楽しく体を動かせる！

あのベルまで走って鳴らすゲームだよ！

ガムテープの芯でベルを固定

手形イラストをつけると、より触りたくなる

困りごと & アセスメント

Q 走ることが苦手です。走ることや運動することに抵抗感があり、やる気が起きません。

A 「走らせよう」とするのではなく、「自ら走りたくなる」工夫が必要です。教材を工夫しましょう。

❶ 手のひらでベルを押して、鳴らす。

❷ 離れた場所にベルタッチを置き、走っていって鳴らす。

❸ 走る距離や時間を決め、ベルを鳴らした回数を競う。

いるかどり先生からの アドバイス

☑「チーン」という高い音が苦手な子もいます。その場合は、ベルの中に布をつけて音を調整してみましょう。

☑ 指先でベルを押すとうまく鳴りません。手のひら全体で軽く押せるように、見本を見せましょう。

応用編

80 リレーでタッチ

普段使っているカラーコーンの先にベルタッチを設置します。これを一定の場所に置いて、折り返しリレーや回旋リレーなどに活用します。カラーコーンの視覚的目印だけでなく、ベルを押して鳴る聴覚的目印を加えることで、より分かりやすくなります。思わずベルを押したくなることで、走る動作を引き出すこともできます。

準備
するもの ・コーン ・ベルタッチ

複数用意して使用

81 歩く
巻き巻きレース

準備 するもの	・伸縮のある包帯　・ラップの芯

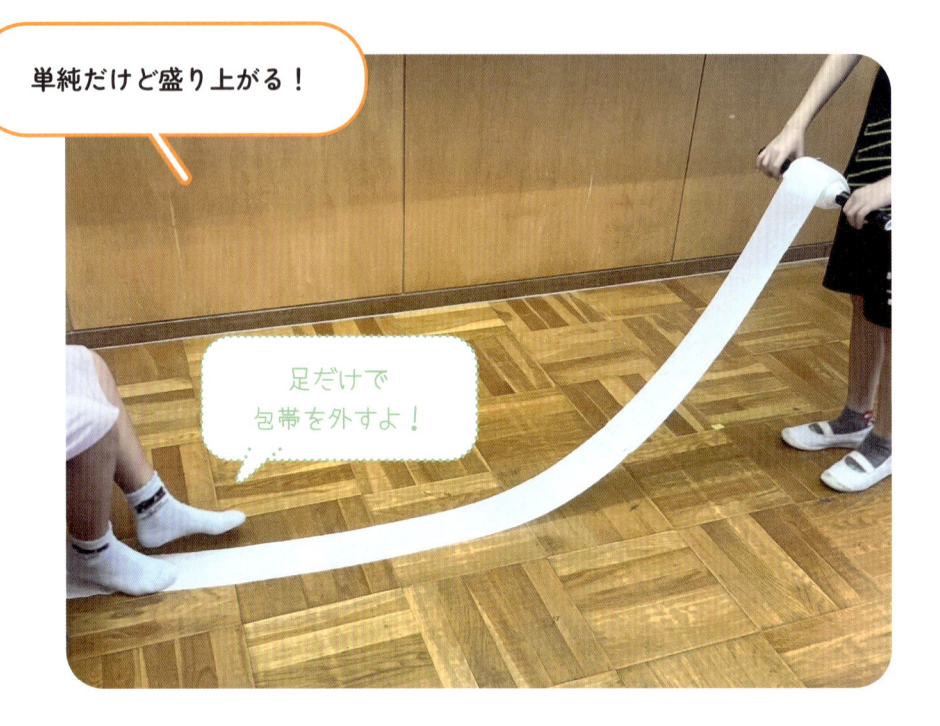

単純だけど盛り上がる！

足だけで
包帯を外すよ！

困りごと ＆ アセスメント

Q 足を前後に動かす運動はありますか？　ウォーキングだと飽きてしまって、すぐに終わってしまいます。

A 教室でできる活動であり、足を動かす運動を取り入れた巻き巻きレースはどうでしょうか？

① 包帯などをラップの芯に巻きます。

② 椅子に座って足で包帯を引き寄せるように繰り返し踏みます。

③ すべての包帯がラップの芯から外れたらおしまいです。

いるかどり先生からの アドバイス

✓ 教室で座ってできるため、隙間時間にも取り入れることができます。単発で終わるのではなく、定期的に継続して行うことで筋肉が成長していきます。週に数回おこなってみましょう。

✓ 片付けるときの巻く作業ですが、これも手首を回転させる運動になりますので、子どもたちと一緒に行いましょう。

応用編

82 スポンジ靴で歩く

スポンジポールの上に乗って歩きます。スポンジは長さを短くしたり、底面を平らにしたりすることで、難易度を調整することができます。

① スポンジを床に擦るように足を動かして移動する

② 手でスポンジを掴んで四つん這いになって移動する

など、子どもたちのできる方法で、全身運動をします。足腰の筋肉を使う運動です。

準備するもの ・スポンジポール

手も使って大丈夫

83 学習道具を整理整頓する
学習道具を色分けする

準備するもの ・ホワイトボード ・ホワイトボード用マーカー

色で教科が一目で分かる！

おなじいろ

こくご
きょうかしょ
こくごノート
カタカナひょう

次の時間に必要なものを確認しよう

困りごと & アセスメント

Q 授業で使用する道具を準備することが難しいです。何かアイデアはありますか？

A まずは、ホワイトボードで準備するリストを作り、教科ごとに色分けしてみてはどうでしょう？

実践の流れ

① 教科によって色分けをします。

② 色シールを教科書やノートに貼ります。

③ 授業の前に学習道具を確認します。

いるかどり先生からの アドバイス

☑ 学習準備を自分でするためには、何を使用するのかが明確でなければいけません。教師は自分で授業計画を立てるので、準備物が分かっていても、子どもたちは毎時間どの学習をするのか見通しがもちにくいと考えられます。黒板に板書したり、ホワイトボードに書いて見通しをもてるようにしましょう。

応用編

84 持ち物に名前をつける

将来の自立に向けて、持ち物の管理は重要なスキルとなります。社会に出て公共機関を利用したり、集団の中で生活をする場面では、自分の持ち物と他人の持ち物を判別する力がより必要になります。まずは、自分の持ち物に名前や目印をつけることからはじめましょう。子どもたちが理解できるイラストシールなどでも大丈夫です。

> **準備するもの**　・油性マジック　・名前シールなど

私のマークを
見つけたよ

85 活動の役割を知る
おにごっこの鬼決め

準備 するもの	・スズランテープや帽子など

何回鬼をやったかな？

困りごと ＆ アセスメント

Q 学級レクレーションの鬼ごっこで、鬼役になれないと怒って参加することが難しくなってしまいます。

A 授業の中で、鬼役をやることができることを視覚的に理解できるようにして、安心して参加できるようにしましょう。

実践の流れ

❶ 子どもたちにやりたい役を聞きます。

❷ 順番に希望する役ができるように示します。

❸ 学級レクを楽しみます。

いるかどり先生からの アドバイス

☑ 遊びは人間関係の形成やコミュニケーションの視点から考えても、社会性を広げる貴重な交流の時間です。まずは、単純なルールからはじめて、定期的にルールを加えたり、複雑にしてステップアップしていきましょう。（追いかけっこ→鬼ごっこ→しっぽとり→手繋ぎおき→ふえ鬼→ドロケイなど）

応用編

86 だれでも分かりやすいルール

赤帽子が鬼役、白帽子が逃げる役など、パッと見て分かりやすい工夫をすることで、ルールが明確になり、楽しく学ぶことができます。子どもたちのやりたい遊びをいかに分かりやすくできるかで、休み時間や学級活動の時間が変わってきますので、子どもたちと相談をしながら、ルールや内容を調整していきましょう。

準備するもの ・赤白帽子

鬼の役の人は赤帽子だよ

87 体操に参加する
座っても運動できる

準備するもの ・椅子

座ったままでも
ストレッチできる！

誰もが参加しやすい

楽しく体を動かすよ

困りごと & アセスメント

Q 起立することが難しい子がいます。支援員さんもいないので、体操に参加することが難しいです。

A 座ったままの姿勢で上半身の体操をすることができるように体操をアレンジしてみてはどうでしょうか？

実践の流れ

❶ 立っても座っても体操に参加できることを知ります。

❷ 上半身の動きを意識した体操を伝えます。

❸ 体操のときに、できる部分の体操を行います。

いるかどり先生からの アドバイス

☑ 活動を設定する場合には、ゴールの幅を広げることが大切です。「立って体操をしないといけない」ではなく、「座っていても、立っていても、横になっていても参加できる」など、どの姿勢であっても、その子の可能な範囲で参加できるように活動を設定することが大切です。

応用編

88 椅子に滑らないシート

座って学習をする場合には、椅子から落ちないように気をつける必要があります。すべりどめシートを椅子に敷くなどして、椅子からの落下を防ぎましょう。また、すべりどめシートは、授業中に使用することで、姿勢保持を支援することができます。無色のデザインのシートもあるので、常設しやすいです。

準備するもの	・すべりどめシート

落ちないように気をつけよう

89 朝のマラソンに参加する
周回や時間を決める

準備 するもの	・記録表やストップウォッチなど

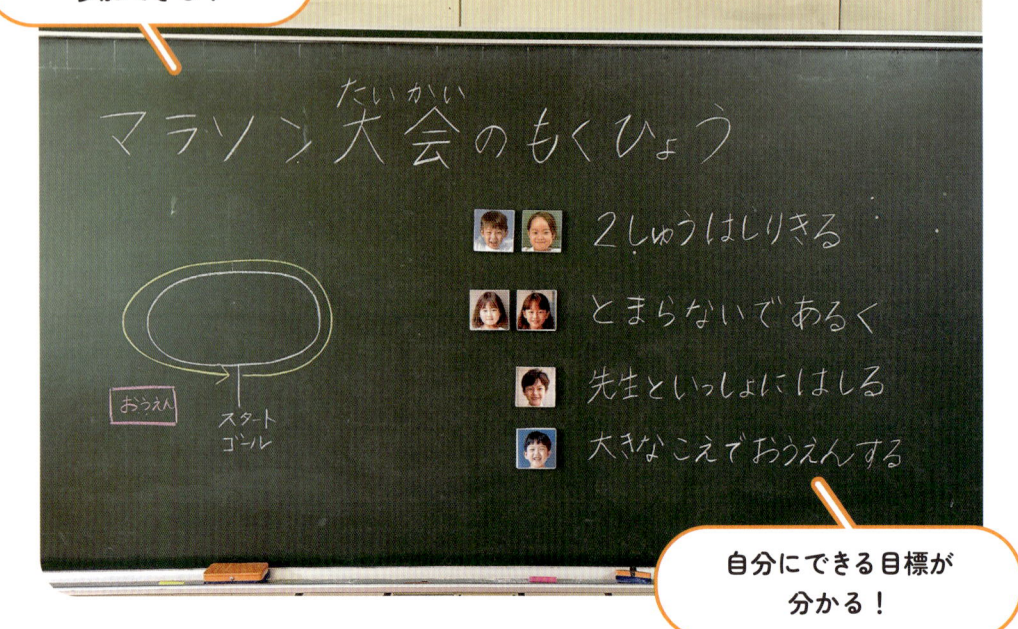

無理なくマラソンに
参加できる！

自分にできる目標が
分かる！

困りごと ＆ アセスメント

Q 学校で朝マラソンをしているのですが、つらすぎで参加する
ことをやめてしまいました。連れて行くのも大変です。

A 本人が辛いこと、嫌なことを無理やりさせても効果はないの
で、まずは、見学から再スタートしましょう。

実践の流れ

❶ 朝マラソンを見学します。

❷ 自分にできる取り組み方を考えます。

❸ 教師と一緒に参加します。

いるかどり先生からの アドバイス

☑ 学校教育の型にはめようとすることで苦しくなってしまう子どもたちがいます。体格・体力や発達の個人差、誕生日によって月齢の差もあります。子どもたちに合わせて目標を設定し、それが特別なことではなく、全員が自分の設定した目標に向かっていける雰囲気づくりを大切にしていきましょう。

応用編

90 見学するときも持ち物を確認する

体調不良のときには保健室で休む、見学が可能な場合は、みんなと同じ空間にいるなど、朝マラソンで走らない場合の参加方法について考えて行くことが大切です。このときも、雰囲気づくりとしては、「参加しない」のではなく「保健室で休むという選択」「見学するという選択」であり、学校生活や活動には参加していることを意識しましょう。

準備するもの ・帽子 ・水筒 ・記録表など

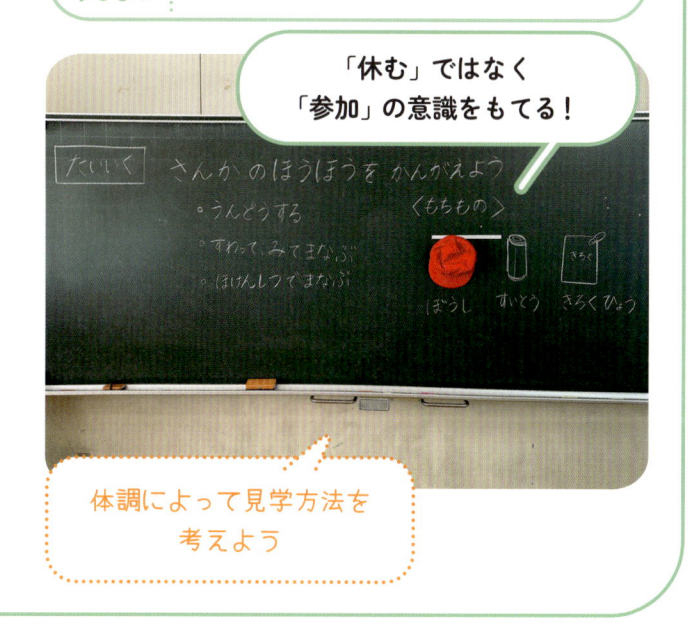

「休む」ではなく「参加」の意識をもてる！

体調によって見学方法を考えよう

91 活動ごとに道具を整頓する
箱に入れてまとめる

準備するもの ・ロッカーに収納できるサイズのカゴ

無くしもの、探しものが減る！

畑で使う軍手はここに入れよう

体 なわとび　日 せんたくバサミ　畑 ぐんて

困りごと ＆ アセスメント

Q 子どもたちの学習道具を個人ロッカーに入れておくと無くなってしまうことが多いです。

A 単元ごとで使用する学習道具や使用頻度の少ない個人の学習道具は学級でまとめて保管すると予防になるかもしれません。

❶ 靴洗い、畑作業など、まとめて管理する道具を選びます。

❷ 個人ごとに名前を書き、ひとつのカゴにまとめます。

❸ 学習ごとにかごを作成します。

いるかどり先生からの アドバイス

✓ 週に１回程度しか使用しない学習道具については、学級でまとめて保管場所を決めておくと、授業の前と後で道具を確認することができるので便利です。子どもたちと場所を確認して、必要なときに、準備することができるように声をかけていきましょう。

応用編

92 軍手を片付ける

例えば、生活単元学習で畑で作業をします。その日に軍手を洗って洗濯バサミで干しておきます。次の日に、乾いた軍手をカゴにしまいます。前日の授業で使用したものを次の日に片付けるなど、私たちの生活は日々の連続でできています。教育活動全体の中で、教科領域と関連付けながら学習を計画し、進めていきましょう。

準備するもの　・洗濯バサミ　・軍手　・洗剤

毎日の「続き」が意識できる！

乾いたらカゴにしまおう

93 集団生活に参加する
教師を呼ぶ

準備するもの ・遠隔で音が鳴るスイッチなど

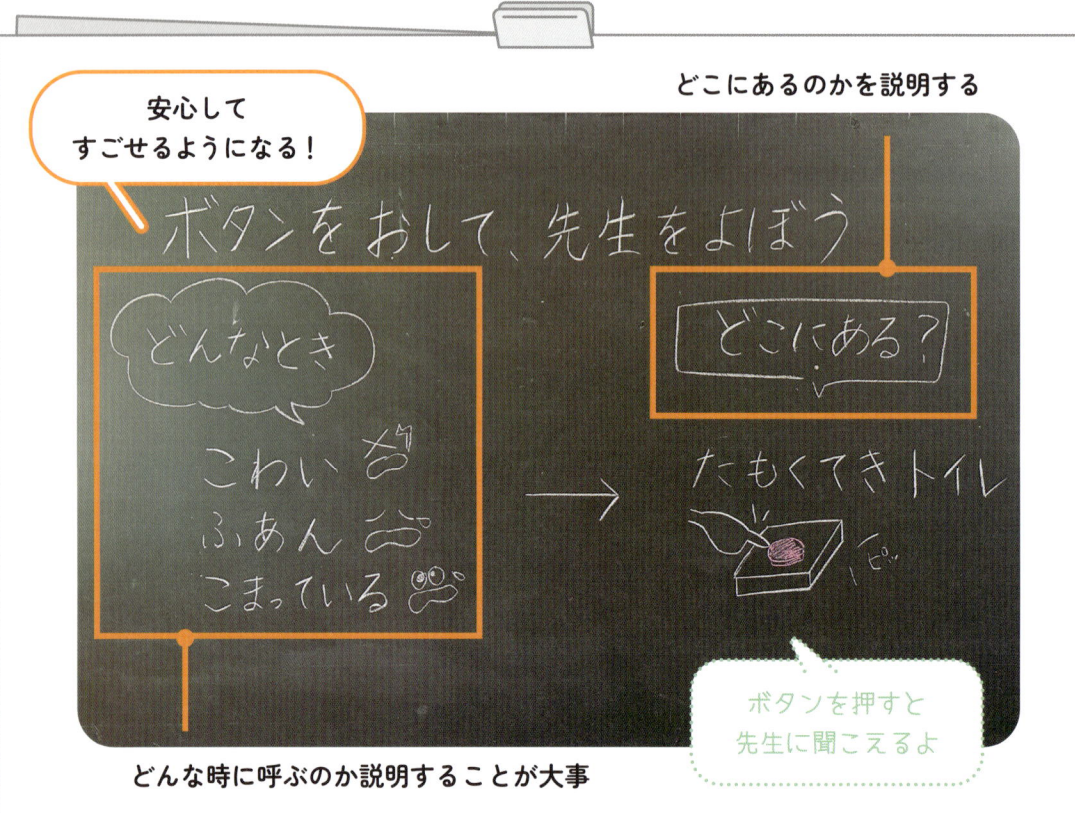

どんな時に呼ぶのか説明することが大事

困りごと & アセスメント

Q 担任から離れると不安になり、トイレなどにも一人で行きたがりません。

A 学校生活の中で日常的に持ち歩くことができるスイッチなどを持参し、安心して生活ができるようにしましょう。

実践の流れ

① スイッチの使用方法について知ります。

② 教師から離れるときに子どもが持参します。

③ スイッチの音が鳴ったら、教師は子どもの居場所に行きます。

いるかどり先生からのアドバイス

☑ 子どもたちが自分の安全基地だと思っている存在から離れることは勇気がいります。担任、支援員、養護教諭など、安心できる存在を感じることができる支援をしましょう。同じ階にあるトイレであれば、遠隔で操作できるスイッチなどを設置することで安心できるかもしれません。

応用編

94 自学級と交流学級の両方に役割を決める

特別支援学級に在籍をしているけれど、学年の仲間であることを学校全体の教職員で共通理解することが大切です。交流学級でも、可能な限り当番活動や係活動などの特別活動の役割を決めることで、集団生活の中で、自分の役割や存在感を感じることができます。自学級と交流学級の両方に在籍している価値観を大切にしましょう。

準備するもの ・交流学級の係や当番表など

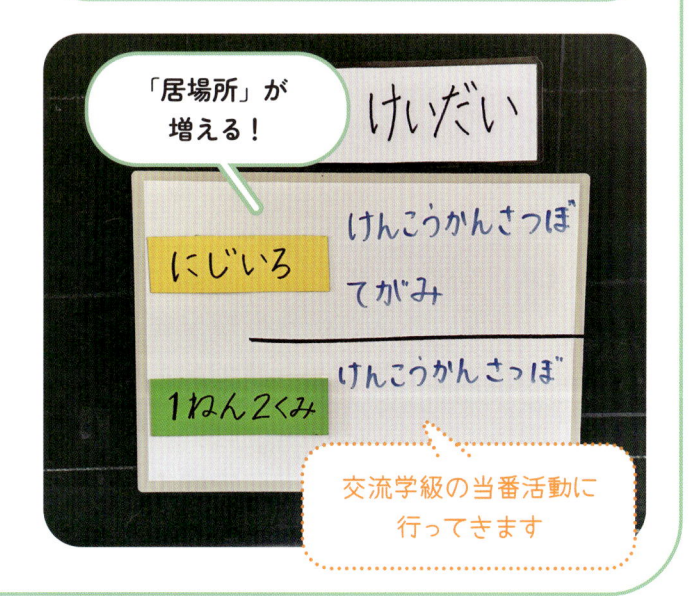

「居場所」が増える！

交流学級の当番活動に行ってきます

95 列（順番）を知る
誰のうしろだゲーム

準備するもの ・名前の書いてある普通紙

私の名前はどこだ？

楽しみながら
並ぶ経験ができる！

困りごと & アセスメント

Q 順番に並ぶという理解が難しいです。背の順なども友だちの
うしろに並ぶことができません。

A 自分の名前を背中につけている人のうしろに並ぶ誰のうしろ
だゲームをやってみましょう。

❶ ゲームのルールを子どもに説明します。
❷ うしろに並ぶ人の名前を書いた紙を子どもの背中に貼ります。
❸ 合図とともにまっすぐ、列になるように順番に並べます。

いるかどり先生からの アドバイス

☑ 自分の後ろには誰の名前が書いてあるか分からないので声をかけ合いながら取り組みます。自立活動のコミュニケーションや環境の把握などと関連付けながら学習を進めましょう。

応用編

96 シールつきドミノ

人のうしろに並ぶことが難しい場合には、ドミノやシール貼りなどで、楽しく学習を進めてみましょう。「前後」「左右」の理解も難しい可能性があるので、アセスメントをしながら、学習を計画をします。活動の中では、床にテープを貼ったり、フラフープで並ぶ位置を示したりするなど支援をして参加できるようにしましょう。

準備するもの　・ドミノ　・色シール

「順番」への理解が深まる！

まっすぐ並べよう

97 写真を撮影する
卒業アルバムの撮影をする

準備するもの ・写真 ・画用紙 ・スチレンボード

困りごと & アセスメント

Q 卒業アルバムで写真撮影が増えてきました。どのように指導をしたらよいでしょうか？

A 教師が見本となり、様々なシーンを撮影・掲示して見比べてみてはどうでしょうか？

実践の流れ

① 子どもたちの知っている教師の写真を撮影します。
② 子どもたちと見本の写真を見比べます。
③ 実際に写真を撮影してみます。

いるかどり先生からの **アドバイス**

☑ 写真を撮影されるときに、自分がどんな表情や姿勢をしているのかを確認するためには、カメラの近くに鏡を置くと分かりやすくなります。どんな雰囲気で撮影されるかという理解では、様々なシーンを想定して見比べて見ることで、自分で憧れの一枚を選択することができます。

応用編

98 制服を着る

制服や普段着は、どのように着ればよいのかを考えるために、あえて服が乱れて、だらしない様子を黒板に掲示しました。「どこを直したらよいか?」を子どもたちから聞きます。ネクタイやボタンなど、あえておおげさにズラして着用することで、子どもたちが楽しみながら答えやすくなるように工夫をしました。

準備するもの　・制服　・写真

「反面教師」で笑って学べる!

・Yシャツ
・ジャケット
・ベルト
・パンツ

ボタンがズレてるね!

99 時間を知る
時間を知る

わたし専用タイマーを使う

準備
するもの　・時計　・タイムタイマー　・ストップウォッチ

時間に
気付けるようになる！

休み時間は 15 分間だよ

一人ずつにもたせる

困りごと ＆ アセスメント

Q 子どもたちが休み時間が終わっても戻ってきません。毎日校庭に呼びに行くのも大変です。

A 全体向けのチャイムだと気づけない場合でも、自分用のタイマーなら気づけることもあります。

実践の流れ ⋯⋯⋯✦ ⋯⋯⋯⋯⋯⋯⋯⋯⋯⋯⋯⋯

❶ 時計を見て時刻と時間を確認します。

❷ ストップウォッチをセットして渡します。

❸ 音が鳴ったら教室に戻ってきます。

いるかどり先生からの アドバイス 💡

✓ 校庭では、時計が小さいので見えにくい、楽しさで周りを見る余裕がない、何かに夢中になっていてチャイムに気がつかなかったなど、時間を気にすることが難しい状況なのかもしれません。時間割によっては教室移動や準備物などもあるので、その日によってストップウォッチを使用して時間に気がつけるようにしましょう。

応用編

100 お花を飾る

生活単元学習で季節についての学習を深めたら、雨の日の休み時間などを活用し、お花を飾ってみてはどうでしょうか？造花でも彩りよく咲く花に癒されます。紙コップの中に粘土を入れることで倒れにくい花瓶を作ることができます。また、粘土は柔らかいので、造花の茎を簡単に刺すことができます。短時間でできるのでおすすめです。

準備するもの ・造花 ・紙コップ ・画用紙

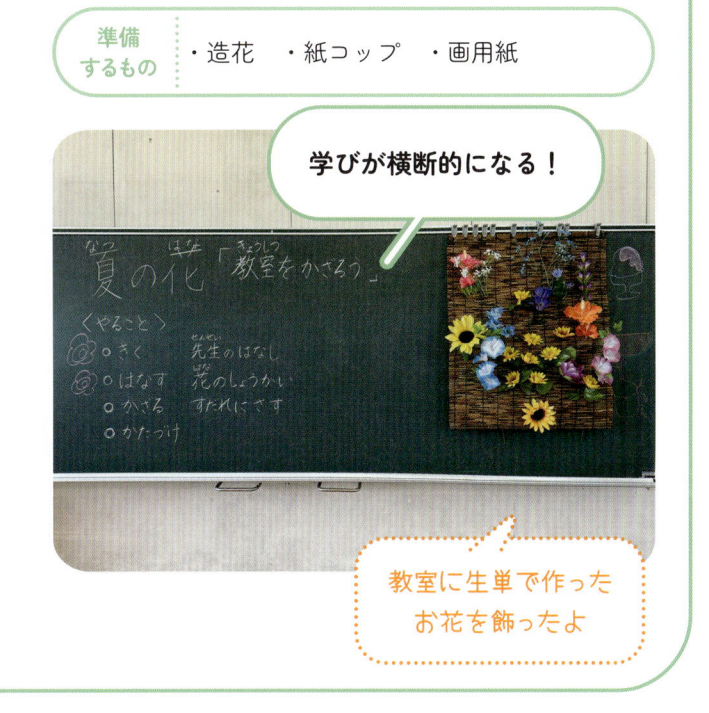

学びが横断的になる！

教室に生単で作ったお花を飾ったよ

101 リラックスをして過ごす
落ち着きスペースで深呼吸

準備 するもの	・落ち着きスペース ・深呼吸の掲示

ゆっくり休める

1・2・3 すーはー

困りごと & アセスメント

Q 授業中に集中しているせいか、休み時間になると校庭に遊びに行く様子が見られません。

A 落ち着くことができるスペースを用意して、深呼吸をしたり、ゆったり過ごせる空間を作りましょう。

実践の流れ

❶ 掲示を作成します。

❷ 子どもたちが使用したいときに使用します。

❸ 掲示を見ながら深呼吸を繰り返します。

いるかどり先生からの アドバイス

✓ 学校生活や授業で集中をして疲れていたり、室内で過ごすことが好きだったり、教室で休み時間を過ごしたい子どもたちには、教室で過ごすことを許可しつつ、リラックスできるような工夫をしましょう。子どもたちが見てすぐに実践できたり、空間を仕切ったりすることで安心できるようにしましょう。

応 用 編

102 目の体操をする

授業中には、黒板を見たり、ノートを見たりと、長時間目を使用しています。そのため、目が疲れてしまって、授業に集中できなくなってしまうことがあります。タブレットや写真などで、目のリラックス方法を見て分かるようにしておくと、子どもたちが自分で見ながら取り組むことができるようになります。

準備するもの ・タブレット動画など

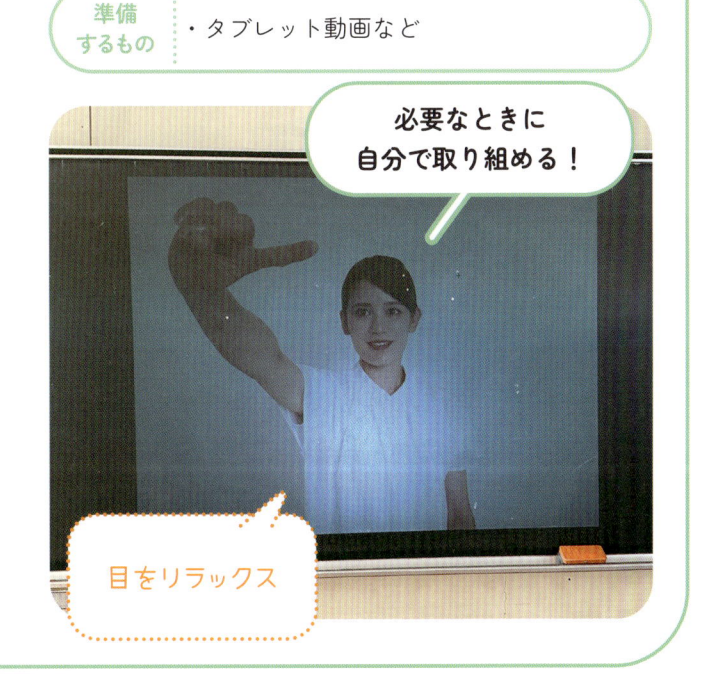

必要なときに自分で取り組める！

目をリラックス

103 室内の管理をする
教室の電気を消す

準備 するもの	・スイッチ

将来の「自立」を見すえる

にじいろ

中央　黒板側

ベランダ側　廊下側

押す

へやにだれもいない
ときは けす

くわしい説明書きを添える

「誰もいないとき」に
消すことを強調する

困りごと ＆ アセスメント

Q 教師がいつも教室の電気を消しているのですが、子どもたちにも指導するべきでしょうか？

A 将来の自立した生活に向けて、可能であれば指導をしましょう。最終確認は教師が行いましょう。

実践の流れ

❶ 「誰もいない」という状況を学びます。

❷ 点灯する電気と消灯する電気を知ります。

❸ 誰もいないときには、電気を消します。

いるかどり先生からの アドバイス

☑ 「自分が使わないとき＝誰もいないから電気を消す」ではなく、「誰もいない。誰も使わない＝電気を消す」と理解することができるように、まずは、教室を移動するタイミングなどから指導をはじめましょう。電気をつけっぱなしにするのではなく、エコに生活できるように伝えましょう。

応 用 編

104 換気をする

健康的な生活習慣のひとつに室内の換気があります。窓を閉め切った室内に長時間いるのではなく、空気を入れ替えることで感染症のリスクを軽減するなど、健康に生活できるように指導を継続しましょう。向かい合っている位置にある窓とドアを開け、空気の通り道を作ります。その際、窓にスズランテープや風鈴を置いておくと風を感じることができます。

準備するもの ・窓 ・スズランテープ ・風鈴など

換気を「見える化」する！

空気の道を作るよ

105

図書室で本を借りる
手提げ袋に本を入れる

準備
するもの ・図書カード ・本を入れる書籍

階段で手すりをもって
移動できる！

将来の買い物などでも
応用できる

手提げがあると
便利だね

困りごと & アセスメント

Q 子どもたちが自分で図書室に本を借りに行きたいのですが、本を持つと手が塞がってしまって階段が心配です。

A 学校に手提げ袋を置いておきましょう。将来の自立に向け、手提げ袋は金曜日だけでなく、日常的に使いましょう。

実践の流れ

❶ 手提げ袋を用意します。

❷ 図書カードと一緒に持ち運びます。

❸ 階段で移動するときには、手すりを掴みます。

いるかどり先生からの アドバイス 💡

☑ 本は幅が広く持ちにくいです。そのため、子どもたちは、数冊の本を両手でもって移動しなければなりません。階段の移動は危険です。手提げをもっていくことで、手すりをもって移動できるようにします。図書館以外でも、手提げ袋をもつことで安全に移動できるようにしましょう。

応用編

106 ビリビリやぶく

読書をするよりも、絵本をやぶいてしまう場合には「やぶいても大丈夫な紙」を使ってビリビリとやぶいたり、クシャクシャと丸めてみたり、楽しく活動をしましょう。満足するまで紙をやぶくことで、読書の時間の前に落ち着いて読むことができるようにします。布絵本など、やぶけにくい素材の絵本を提供することも効果的です。

準備するもの　・紙（新聞紙など）

これはビリビリしてもいいんだ

107 注意力の向上
キャッチ！

準備 するもの	・長さの違う紙の棒（ロール模造紙の芯　ラップの芯など） ・カラーガムテープ（赤　黄　青）

楽しみながら
集中力アップにつながる！

長さや太さによって
つかむ難しさが変わるよ

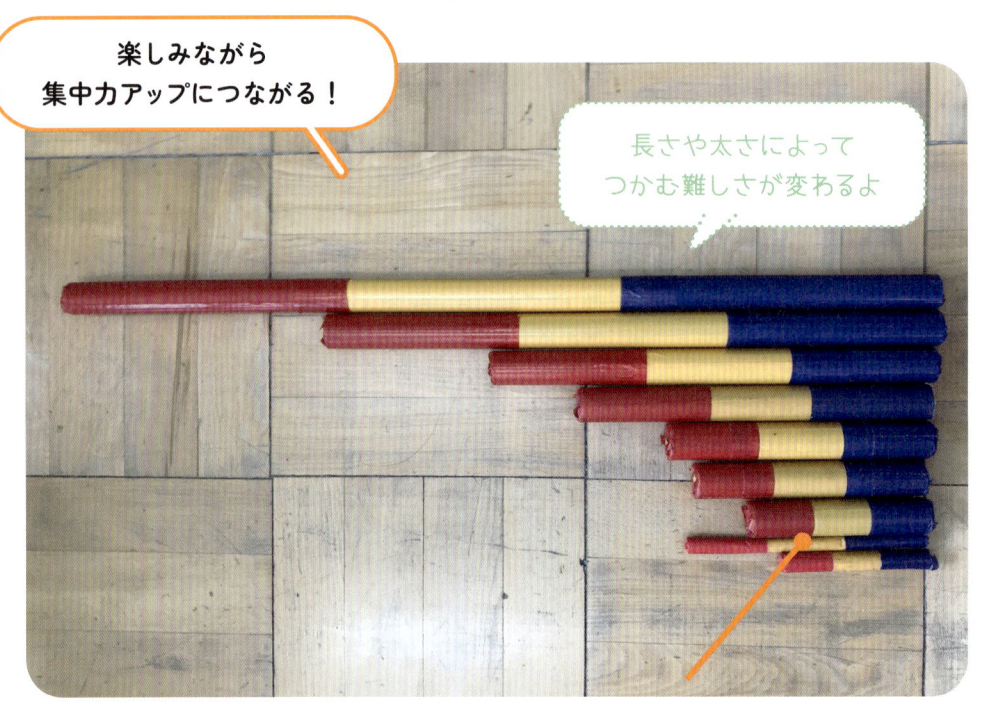

どの色をつかむか決めてから挑戦すると難易度がアップ

困りごと ＆ アセスメント

Q 授業中に注意を向け続けることが難しく、聞き落としがあったり作業に遅れが出てしまったりする子がいます。

A しっかり聞き、指示されたことができるように、注意力や集中力を高められるような運動を取り入れてみましょう。

実践の流れ

❶ 二人で向かい合って立ちます。

❷ 一人が棒を縦にもち、「キャッチ！」と言った瞬間に棒を放します。

❸ もう一人は棒を落とさないようにキャッチします。

いるかどり先生からの **アドバイス** 💡

☑ 自立活動で学習した際に盛り上がった教材です。子どもたちがいつでも学ぶことができるように教室に置いてあります。教師や友だちとのコミュニケーションをとることができるように、教材を使用します。授業でできるようになったことを休み時間にもできるようにすることで、成功体験を重ねます。

応用編

108 お願いキャッチ

①向かい合って立ちます。

②お互いに棒を投げたりキャッチしたりします。（棒は縦にもっても横にもってもでもよい。）

③投げる人は投げる前に「赤」「青」など、相手にキャッチしてほしい色を指定します。

自分の思いをことばでしっかり伝え、相手が取りやすいよう投げる力のコントロールができるよう支援します。

準備するもの ・プールスティック（青・黄・赤）

「人間関係の形成」や「コミュニケーション」と関連付けることもできる

109 指先の巧緻性
そっと抜いて

準備するもの	・ストロー（太さの違う物）
	・ガムテープやマスキングテープの芯　・サイコロ

あそびながらつかむ練習！

どのストローを抜いたら倒れないかを
よく見ながら、1本ずつストローを抜こう

はじめは同じ太さの物から、慣れてきたらいろいろな太さの物に挑戦する

困りごと ＆ アセスメント

Q 箸や鉛筆を使う時に，指先を思うように動かせないために、持ち方が不安定になる子がいます。

A 親指と人差し指で「つまむ」力を身につけることで、箸や鉛筆を安定してもつことができるようになります。

実践の流れ

① 親指と人差し指でストローをつまみ、ストローを抜く。

② ストローの束が倒れたら終了。

③ サイコロを振って、模様や太さごとの得点を決め、計算する。

いるかどり先生からの **アドバイス**

✓ 事例 107 に続いてこちらも自立活動で盛り上がった教材です。二人以上で取り組むとゲームの要素が生まれます。模様や太さごとの得点は後から決めることを事前に伝えておくと、倒すことを心配せずに安心して取り組めます。また、どのストローを抜いたら倒れないかを考えながら取り組むことで、先を見通す力も期待できます。

応用編

110 箸でつまんでお引っ越し

つまむ動作を箸の持ち方につなげるために、手芸用のポンポンをお手本と同じ位置に置くという練習をします。子どもの実態に応じて、ポンポンの大きさや数、お手本を置く位置をアレンジすることもできます。無理なく楽しみながら練習できるように、トングや様々な形の補助箸を用意しておくことをおすすめします。

| 準備するもの | ・トング　・補助箸　・手芸用ポンポン ・仕切り付きケース |

見る力のトレーニングにもなる

111 生活リズムを整える
早寝早起き適量食事

準備 するもの	・記録表付き日記用紙

食べたものをレコーディングする

自分の生活が
「見える化」する！

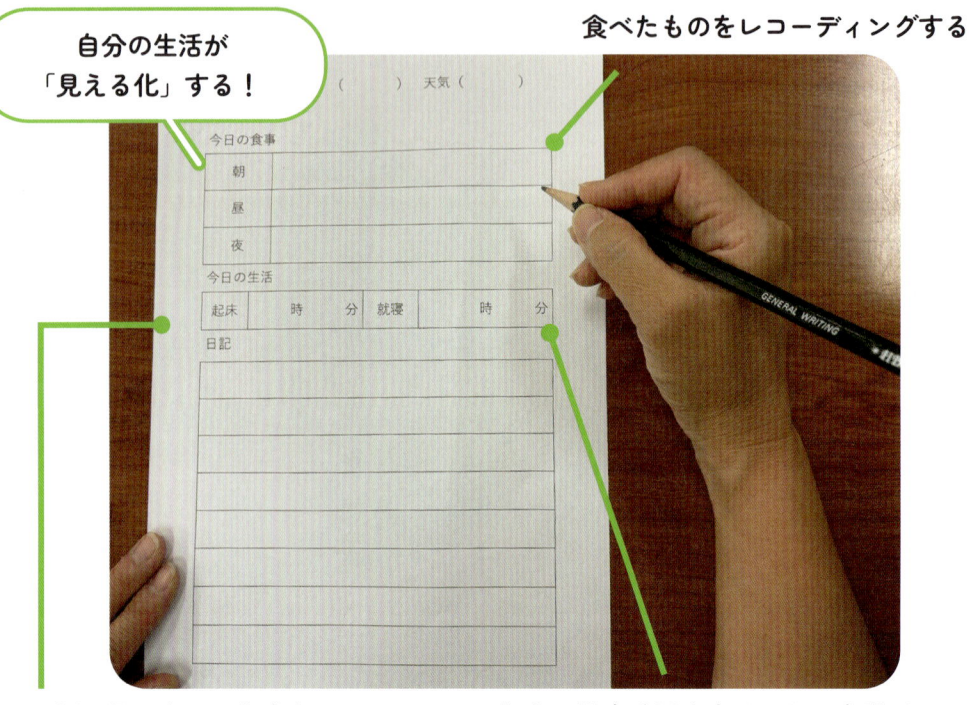

用紙は個に応じて作成する　　　　起床、就寝時間を書くことで意識づけになる

困りごと & アセスメント

Q 長期休みになると生活リズムや食生活が乱れてしまいます。
自分で意識してほしいのですが...

A まずは自分の生活を振り返ることができるように、記録して
可視化できるようにしてみましょう。

実践の流れ

①　どのようなことを書くのか、なぜ書くのかを説明します。

②　土日や長期休業時に日記と合わせて記入します。

③　登校日や長期休業終了時に生活を振り返る時間をもちます。

いるかどり先生からの アドバイス

✓ はじめはざっくりと抽象的な表現からはじめても大丈夫です。まずは、自分自身がどれだけの量を食べているのか知ることが必要です。記録をした後、自分の生活リズムなどがどうなのか、振り返る時間をもつことで健康な生活習慣への意識を高めることが大切です。

応用編

112　カーテンを開ける

太陽の光を浴びて、空を見上げる習慣をつけることで、1日のはじまりを感じることができます。天気や気温を確認することで、今日の服装を選んだり、学校の予定（例：今日は晴れたからプールできるぞ！）を想像したり、生活に期待感をもつことができます。心や体が疲れているときがあれば、そんなときこそ、カーテンを開けられるように習慣にしましょう。

> 準備するもの　・カーテン　・マジックテープ

マジックテープで簡単にできる

113 放課後の過ごし方を知る
遊びに行くときの約束

| 準備するもの | ・ホワイトボード　・付箋など |

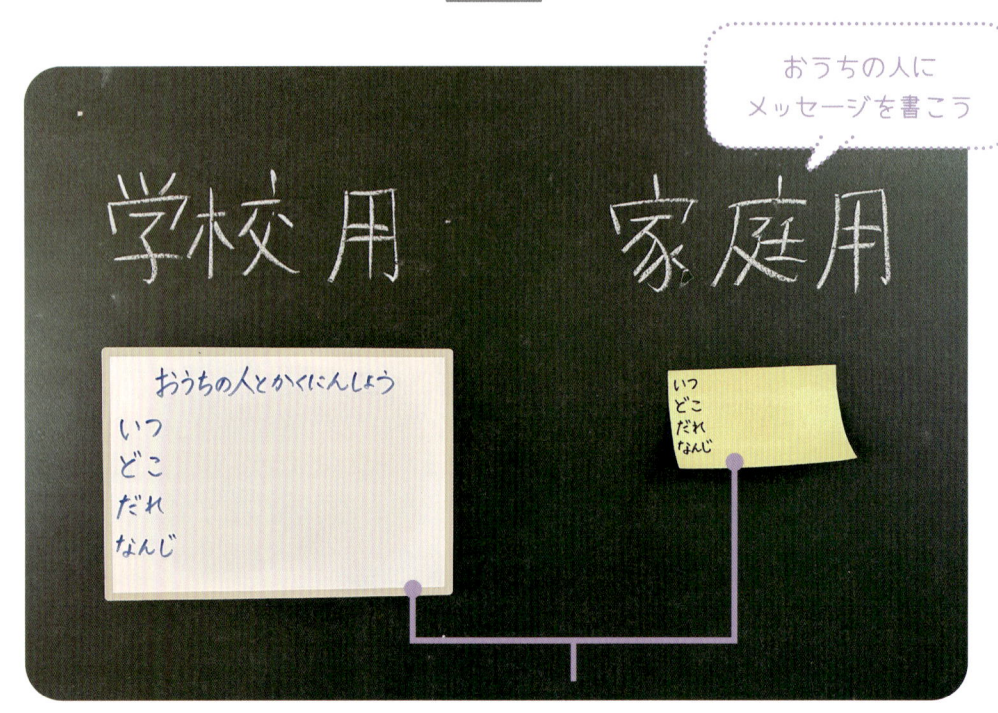

おうちの人にメッセージを書こう

学校と家庭で同じようにするのがコツ！

困りごと & アセスメント

Q 保護者の方から放課後の過ごし方について心配だという相談を受けました。

A 学校と家庭で同じ教材を使い、同じ指導をしましょう。安全に過ごすことができるように考えましょう。

実践の流れ

❶ 子どもたちが放課後にやりたいことを聞きます。
❷ 子どもたちに可能な教材（過ごし方）を考えます。
❸ 保護者と共通認識で放課後の過ごし方を伝えます。

いるかどり先生からのアドバイス

✓ 子どもたちと一緒に、放課後の過ごし方について考えましょう。また、不審者や交通事故など、身の安全を守ることの大切さや命の尊さを繰り返し伝えていきましょう。近所の公園や友達の家など、どこに行くのか、そして、何時に帰宅予定なのかをメモで残す習慣をもてるようにしましょう。

応用編

114 もしものときの 110 番

危険なことがあったときに、警察や救急に連絡をすることは自分の命を守るために必要な知識となります。子どもたちが記憶することができるように学校や家庭にポスターを掲示するなど環境を整えていきましょう。また、子どもたちが分かりやすいイラストで伝えていくことも大切です。110 →警察→パトカーなど分かりやすく伝えていきましょう。

準備
するもの　・家庭に掲示する手紙

110 や 119 を覚えておこう

115 デジタル機器の視聴時間を守る
スマホやテレビの約束

準備するもの ・板書

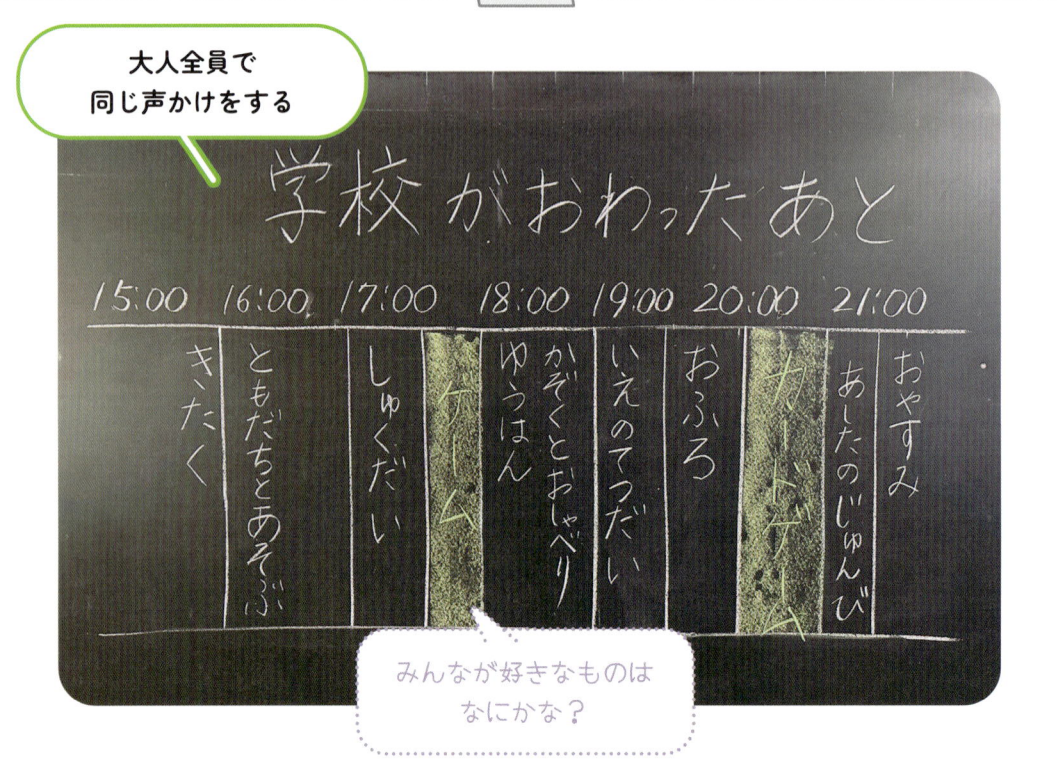

大人全員で同じ声かけをする

学校がおわったあと

15:00　16:00　17:00　18:00　19:00　20:00　21:00

きたく　ともだちとあそぶ　しゅくだい　ゲーム　かぞくとおしゃべり　ゆうはん　いえのてつだい　おふろ　ゲーム　あしたのじゅんび　おやすみ

みんなが好きなものはなにかな？

困りごと & アセスメント

Q 保護者から相談がありました。毎日スマホやゲームをしていて睡眠時間が短くなっています。

A スマホやゲームは楽しいので、自制することが難しい場合には、達成したくなるような取り組みをしてみましょう。

実践の流れ

1 スマホやゲームでどんなことが楽しいか話します。
2 1日の時間や1年間の時間について学びます。
3 視聴時間を決めて学校と家庭で同じ声かけをします。

いるかどり先生からの アドバイス

☑ スマホやパソコンは、便利な機器である一方で、楽しくてやめられなくなってしまうことがあります。子どもたちが自分のペースでやめることができなくなってしまった場合には、規則正しい生活習慣となるように、自制できるような教材を使用しましょう。学校と家庭で同じ声かけをすることが大切です。

応用編

116 おやすみボックス

スマホが手放せなくなってしまったときには、タイマーが作動するまで、開くことのできない箱などを使用しましょう。ストップウォッチなどを使用して自作することもできます。意図的にデジタル機器から離れる練習をすることも必要です。スマホの視聴時間が減り、睡眠時間を確保することができたら、忘れずに褒めましょう。

準備するもの　・プラスチック製の箱など

規則正しい生活を目指そう

ここにお休みさせようね

117 家庭学習 自分でできる課題

準備
するもの ・自立活動や教科の学習プリント

家庭学習の習慣が
身につく！

子どもたちと
相談して決めよう

困りごと ＆ アセスメント

Q 宿題をやってくることが難しい子がいます。まずは、家庭学習をする習慣をつけたいです。

A 子どもたちの好きな学習から取り組めるようにするのがおすすめです。

❶ 子どもたちと、自分の好きな学習を確認します。
❷ 子どもたちと、取り組める量を相談します。
❸ 子どもたちが自分で選んで持ち帰ります。

いるかどり先生からの アドバイス

☑ 復習や予習の大切さを伝えながら、家庭学習に取り組むことができたという成功体験を積み重ねられるようにしましょう。子どもたちが自分で内容と量を選び、１問でもいいので取り組んでくることからスタートします。家庭では、リビングなどで家庭学習ができるスペースを整えてもらいましょう。

応用編

118 明日の学校の準備をする

子どもたちが自分で持ち物の確認や準備をすることができることは、将来の自立に向けて大切なスキルとなります。子どもの実態に応じて、保護者も一緒に確認することができるように、子どもだけに任せることのないように伝えていきましょう。教師は、日常生活の指導や自立活動を通して、チェックリストなどの使用方法を指導していきましょう。

準備するもの ・持ち物チェックリスト

玄関のドアに貼っておこう

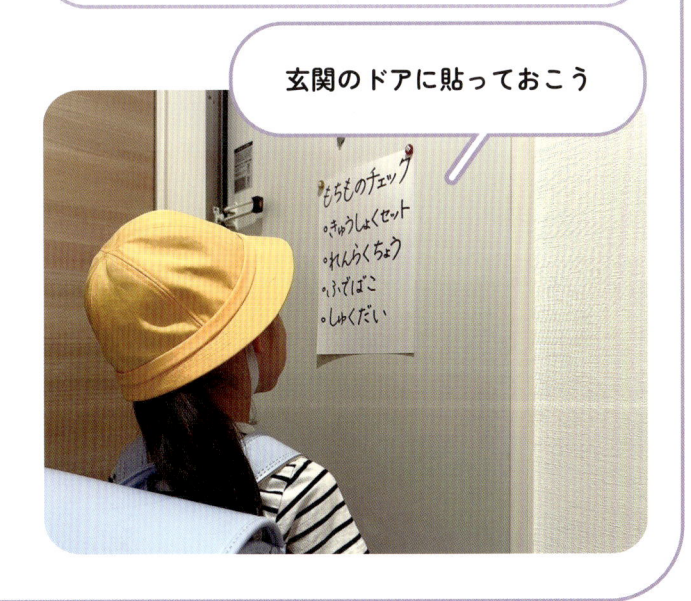

119 自分を発見する
趣味を見つける

準備
するもの ・タブレットや地域のパンフレット

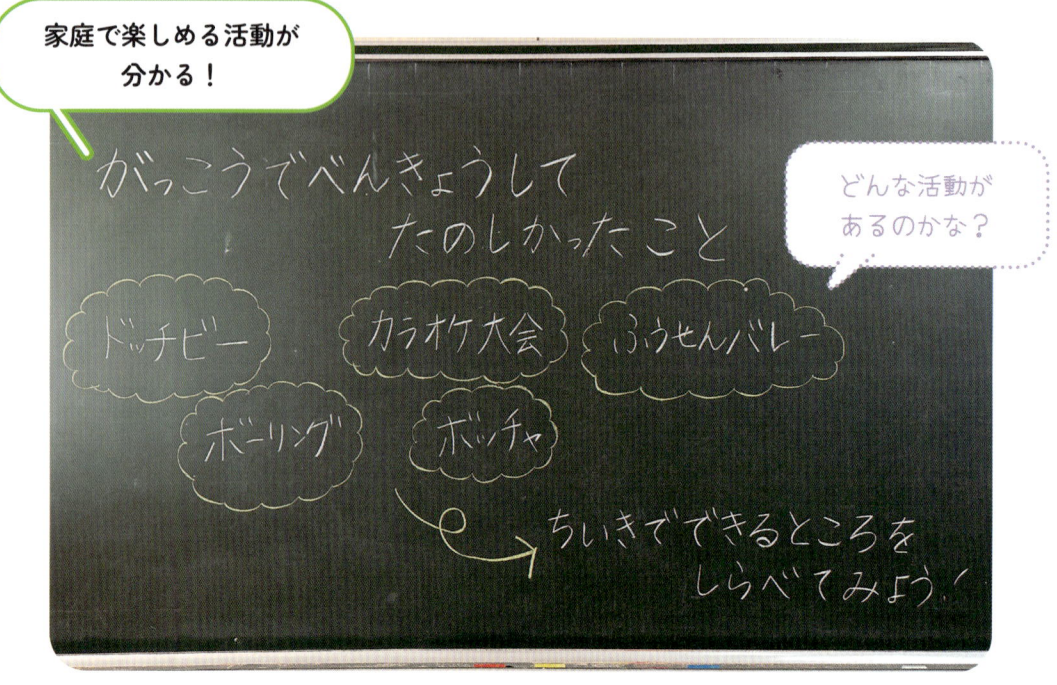

家庭で楽しめる活動が
分かる！

どんな活動が
あるのかな？

がっこうでべんきょうして
たのしかったこと

ドッチビー　カラオケ大会　ふうせんバレー

ボーリング　ボッチャ

ちいきでできるところを
しらべてみよう！

困りごと ＆ アセスメント

Q 保護者から余暇に子どもがボーっとしてると相談を受けました。どんな指導をすればよいのでしょうか？

A 好きなことが見つからないときには、様々なことを経験することからはじめてみましょう。

実践の流れ

❶ 授業の中でボーリングやカラオケなどを、実態に合わせて実施します。

❷ 子どもたちが自分たちで好きなことを探します。

❸ 地域の中でどこでできるかを調べます。

いるかどり先生からの アドバイス

✔ 余暇の時間を充実して過ごすことは、人生の充実につながります。自分の好きなものが見つからないときには、様々なことを経験することから学習をはじめていきましょう。フリスビーやボッチャ、体操教室やカラオケなど、将来も続けていけるような余暇を見つける支援をしていきましょう。

応 用 編

120 長期休みの予定を立てる

長期休みに入る前には、健康的な生活を送ることができるように学校で学習をしましょう。どこに行きたいかと考えるとウキウキしますが「なにをしたいか」を大切にします。学級のみんなで共通したテーマに取り組んでみてもいいです。制作をしたり、運動をしたり、将来にもつながるような経験ができるように伝えていきましょう。

| 準備するもの | ・長期休みの1日日記など |

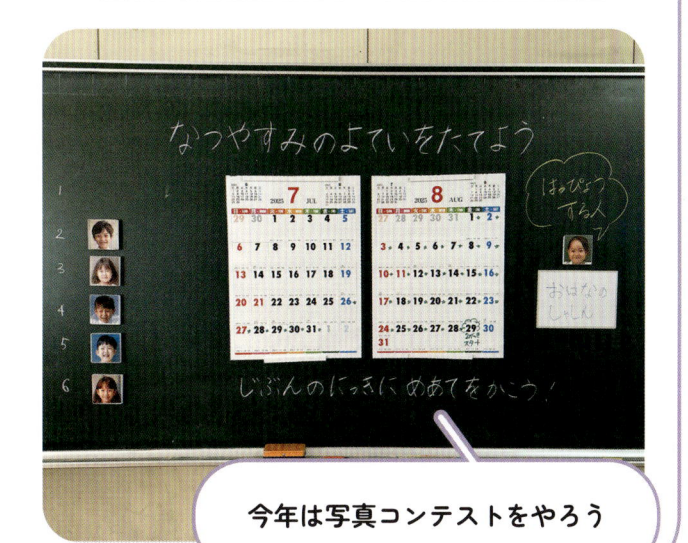

今年は写真コンテストをやろう

お わ り に

教師であるあなたの笑顔からはじめましょう

　本書を読んでくださり、誠にありがとうございました。本書のアイデアを実践したり、アレンジしたり、子どもたちの実態に合わせて活用してください。子どもたちと相談をしながら、実生活に即した日常生活の指導を進めていきましょう。

　また、校務をスマートにするのひとつのツールとして、ぜひ、帯に記載してある特典をダウンロードしてみてください。学年会や懇談会なの共通理解のツールとして活用できるように考案をしました。「子どもたちの笑顔は、あなたの笑顔からはじまる」ことを忘れずにアップデートしていきましょう。

　最後に、本書の制作にあたってご協力いただいた空に架かる橋Iメンバーの皆様、出版にご尽力いただいた時事通信出版局の大久保 昌彦様、関わってくださったすべての皆様へ深く感謝申し上げます。

　〝すべては子どもたちのために〟

　学び続けることのできる「あなた」に出会えた子どもたちは幸せです。これからも、同じ時代に生き、共に学び続けていきましょう。引き続きよろしくお願いいたします。

いるかどり

■ 本書の製作に当たりたくさんの人に協力を頂きました。感謝申し上げます。

事例・教材アイデア提供者（事例番号）

空に架かる橋Iメンバー

公立小学校 教諭 伊崎 真弓 先生（3・4・7・19・49・50・59）

県立特別支援学校 教諭 笑実 先生（9・10・111）

県立特別支援学校 教諭 滝澤 健 先生（37・38）

公立小学校 教諭 keika 先生（29・47・48）

甲府市立国母小学校 教諭 武井 恒 先生（79・80）

宮城県 公立小学校 教諭 手代範子 先生（107・108・109・110）

撮影協力

Knot a smile , Riona 先生 , さあや さん , tsuki 先生

おわりにのおわりに

できる見込みがあるから「待つ」
教師が意図する中で待つことの重要性

　特別支援学級などの現場では、教師が子どもたちを待つという場面がよくあります。子どもたちが行動できるのを待つ、気持ちを切り替えるのを待つなど、自力解決できるように教師は待ちます。子どもたちが自分の力で活動できることは大切なことなのですが、「できる動機づくり」「できる環境（状況）づくり」を大切にしましょう。子どもたちが自分の力を発揮したくなる動機、自分で目標を達成するための環境を整えた上で、子どもたちが自分のペースで取り組むことができるように待つ姿勢を大切にします。

～とは～である。～は～べきである。ではなく、
柔軟に指導・支援をアップデートする

「もう5年生なんだから～もできないとダメでしょう」
「もう中学生なので、なんでも自分でやるべきです」という声を聞くことがあります。これは、将来の自立と社会参加に向けた指導と言えるのでしょうか？　子どもたちを、ひとつの教育観、指導の型にはめるのではなく、誰かと一緒に活動する、補助具を使う、助けを呼ぶ手段を獲得するなど、子ども達の実態に合わせて柔軟に指導や支援の方法をアップデートすることが大切です。

いるかどり

プロフィール
特別支援教育コーディネーター
空に架かる橋Iコミュニティ代表
幼稚園教諭　小学校教諭　学校心理士

好きな食べ物は、皿うどん。
好きな色は、海と空がひとつになるような鮮やかな夏空の色。
オリジナル教材「教材データ集 ver.2024.STAR」や「SUCTORY サクトリー」を作成・提供している。
全国で講演会や特別支援教育教材展示会を主催。
Instagramフォロワー約4万人
講師依頼はこちら
空に架かる橋Iホームページ
https://irukadori.jp

ホームページ　　　　Instagram

教えているかどり先生！①

特別支援教育の日常生活の指導
子どもがイキイキ学ぶ教材＆活動アイデア図鑑 120

2024年12月13日　初版発行

著　　　　者：いるかどり
発　行　者：花野井道郎
発　行　所：株式会社時事通信出版局
発　　　　売：株式会社時事通信社
　　　　　　　〒104-8178　東京都中央区銀座5-15-8
　　　　　　　電話03（5565）2155
　　　　　　　https://bookpub.jiji.com/
デザイン／DTP　株式会社アクティナワークス
印刷／製本　TOPPANクロレ株式会社
編集担当　大久保昌彦